東京

City Target

28

MOOK

世界最高的自立式電波塔Tokyo Sky Tree◎晴空塔只有三腳支撐，比起東京鐵塔的4角設計佔地總長的88公尺，晴空塔只用了68公尺◎日本第一個博物館是東京國立博物館◎上野公園綠意滿點，境內大小博物館、咖啡、動物園錯落，悠閒的城市公園散步就在這裡！◎東京車站地下迷宮城，好吃好玩，在這裡全部解決◎東京　竟不是日本第一個開設的車站！◎銀座週末步行者天國，大搖大擺走在馬路不是夢◎都市百貨頂樓花園好美麗，免費蹺腿賞景的最佳去處◎日本第一個蛋包飯來自員工餐◎生日來逛東京鐵塔，免費請你吃蛋糕◎日本離地表最深的地鐵站就是六本木◎藝術金三角：森美術館、SUNTORY美術館、國立新美術館◎美國加州史奴比博物館Charles M. Schulz Museum在東京的期間限定展◎哥吉拉出沒！新宿東寶大樓的不思議裝置◎池袋東口有西武百貨、西口有東武百貨◎日劇取景聖地：吉祥寺井之頭公園、台場彩虹大橋、東京鐵塔◎三鷹之森吉卜力美術館全攻略◎除了搭百合海鷗號，還能用走的橫渡彩虹大橋◎實物大小獨角獸鋼彈立像，以1:1實物大小正式在台場DiverCity Tokyo Plaza亮相！◎東京巨蛋的屋頂採空氣膜結構◎東京大學本鄉校區歷史巡禮◎清澄白河歷史、美術、藝術、雜貨小旅行◎全世界最高的自立式電波塔Tokyo Sky Tree◎晴空塔只有三腳支撐，比起東京鐵塔的4角設計佔地總長的88公尺，晴空塔只用了68公尺◎日本第一個博物館是東京國立博物館◎上野公園綠意滿點，境內大小博物館、咖啡、動物園錯落，悠閒的城市公園散步就在這裡！◎東京車站地下迷宮城，好吃好玩，在這裡全部解決◎東京　竟不是日本第一個開設的車站！◎銀座週末步行者天國，大搖大擺走在馬路不是夢◎都市百貨頂樓花園好美麗，免費蹺腿賞景的最佳去處◎日本第一個蛋包飯來自員工餐◎生日來逛東京鐵塔，免費請你吃蛋糕◎日本離地表最深的地鐵站就是六本木◎藝術金三角：森美術館、SUNTORY美術館、國立新美術館◎美國加州史奴比博物館Charles M. Schulz Museum在東京的期間限定展◎哥吉拉出沒！新宿東寶大樓的不思議裝置◎池袋東口有西武百貨、西口有東武百貨◎日劇取景聖地：吉祥寺井之頭公園、台場彩虹大橋、東京鐵塔◎三鷹之森吉卜力美術館全攻略◎除了搭百合海鷗號，還能用走的橫渡彩虹大橋◎實物大小獨角獸鋼彈立像，以1:1實物大小正式在台場DiverCity Tokyo Plaza亮相！◎東京巨蛋的屋頂採空氣膜結構◎東京大學本鄉校區歷史巡禮◎清澄白河歷史、美術、藝術、雜貨小旅行◎全世界最高的自立式電波塔Tokyo Sky Tree◎晴空塔只有三腳支撐，比起東京鐵塔的4角設計佔地總長的88公尺，晴空塔只用了68公尺◎日本第一個博物館是東京國立博物館◎上野公園綠意滿點，境內大小博物館、咖啡、動物園錯落，悠閒的城市公園散步就在這裡！◎東京車站地下迷宮城，好吃好玩，在這裡全部解決◎東京　竟不是

28 City Target

contents

出發！東京城市資訊

免簽證

2005年8月5日通過台灣觀光客永久免簽證措施，即日起只要是90日內短期赴日者，即可享有免簽證優惠，使得旅行日本更加便利。

免簽證實施注意事項

◎**對象**：持有效台灣護照者(僅限護照上記載有身分證字號者)。

◎**赴日目的**：以觀光、商務、探親等短期停留目的赴日(如以工作之目的赴日者則不符合免簽證規定)。

◎**停留期間**：不超過90日期間。

◎**出發入境地點**：無特別規定。

事先上傳VJW

因應疫情，日本推出了Visit Japan Web 讓人事先填寫資料以加速檢疫、入境的時間。只要先登記帳戶填寫資料，接著上傳檢疫資訊、填寫入境審查、海關申報，就能獲得入境 QR code，減少入境審查的繁雜手續，入境那天能速速通關。

🔟www.vjw.digital.go.jp/

❶若無接種完整疫苗者，需備好出發日3天內的CPR陰性證明，上傳或列印出來，過海關時備查。

東京在那裡？

東京坐落在關東地區，關東一帶為日本核心地帶，包括東京都、神奈川、千葉、埼玉、茨城、栃木、群馬1都6縣。廣義的東京指東京都，範圍包含東京都內、多摩地方、伊豆群島、小笠原群島，一般所指、所遊的東京大多指「東京都內」。

時差

日本比台灣快一個時區，也就是台北時間加一小時。

城市氣候

春天（3、4、5月）

氣溫已開始回升，但仍頗有寒意，有時仍在攝氏10度以下，早晚溫差大，需注意保暖。3月底至4月初是京阪神地區的賞櫻季節，也是觀光人潮最多的時候，無論是訂機位或是訂房，最好提前一個月或二個月前預訂較能保障旅行計畫。

夏天（6、7、8月）

夏天甚為悶熱，攝氏30度以上的日子不少，7月下旬~8月初，甚至可能超過35度。

秋天（9、10、11月）

涼爽怡人，平地只要薄外套、針織毛衣即可應付，但早晚溫差大，部分山區已進入冬天氣候，須有厚外套。

冬天（12、1、2月）

冬天的氣溫跟台灣北部一樣嚴寒，但是偏乾冷，寒流來時甚至會在攝氏零度左右，保暖防風的衣物不可少，但市區內極少飄雪。

台北駐日經濟文化代表處

在東京如果遭遇到任何問題與麻煩，如護照遺失、人身安全等，都可以聯絡。

🚇JR山手線目黑駅徒步10分，或從Metro南北線、都營地下鐵三田線白金台駅1號出口徒步5分。

🏠東京都港區白金台5-20-2 🕐週一到週五9:00~17:00

☎03-3280-7811 📠02-3280-7934

郵政

郵筒分紅、綠兩色，紅色寄當地郵件，綠色寄外國郵件(有些地區只有一個紅色郵筒兼收)。郵局營業時間平日為9:00~17:00，有些大型郵局則會營業至晚上7點或8點，且週六日例假日也照常營業，但非平日會提早打烊。

退税流程

1、選購商品

2、同一日同間商店購買 a)消耗品 + b)一般品達￥5,000以上

3、結帳時表示欲享免稅,並出示護照。短期停留的觀光客才享有退稅資格。有的百貨、商店有專門退稅櫃台,可結帳後再到退稅櫃台辦理。

4、由店員輸入資料後,便可取回商品與護照。

5、一般品可以拆箱使用,而消耗品則不可拆封(由專用袋／箱裝著),原則上應於出境時隨身攜帶以利海關檢查。

注意事項

◎食品、飲料、化妝品、藥品、菸酒等稱為「消耗品」,百貨服飾、家電用品等稱為「一般品」。

◎一般品可以拆箱使用,而消耗品原則上需要在出境時帶在身邊讓海關檢查,但如果買了酒、飲料等液態食品,或是化妝水、乳液等保養品不能帶入機艙,必需要放入託運行李中時,可在結帳退稅時請店員分開包裝,但切記裝入行李箱時一樣不可打開包裝袋或箱子,以免稅金被追討。

防疫緊急情況協助

Covid-19諮詢熱線

若疑似感染或在日病毒檢測結果為陽性時,可利用厚生勞動省(MHLW)提供的多語言熱線諮詢服務,提供中、英、韓、泰、西、越等多國語言。

☎0120-565653 🕘9:00~21:00

日本醫療機構

可至日本觀光廳運營的「身體不適之時」網站,查詢在日醫療服務的線上指南,其提供中英韓及日語的醫療機構搜索功能、如何訪問醫療機構,以及解答可能遇到的其他問題。

🌐www.jnto.go.jp/emergency/chc/mi_guide.html

電話醫療諮詢及翻譯服務

由亞洲醫師協會醫療資訊中心(AMDA)提供中、英、韓等8國語言醫療諮詢服務專線,另也提供電話翻譯服務。

☎03-6233-9266

🌐www.amdamedicalcenter.com/welcome/english

更多日本安全旅遊問題協助

日本國家旅遊局(JNTO)提供全年不停休的英、中、韓語的旅客諮詢熱線,除了旅遊資訊外,在發生緊急事件或事故時可撥打熱線尋求協助。

☎050-3816-2787

🌐www.japan.travel/tw/plan/hotline

從機場進入市區

成田機場→東京市區

成田機場位於千葉縣，距離東京市區有一定距離。但幸好，各種交通設施十分完備，路線也標示得很清楚，可分為鐵道（JR及京成電鐵）及巴士（利木津巴士、Tokyo Shuttle、The Access Narita）兩大類，不論哪一航廈，入境後就能清楚看到分別的購票窗口。

機場快線

從成田主要有JR東日本經營的N'EX與京成電鐵的SKY ACCESS二條。如果你投宿的地點剛好在停靠站附近，那就再方便不過了；如果不是就必須再轉乘地鐵或巴士。這期間要忍受的是帶著行李上下電梯、車廂，稍微辛苦一些。

◎**成田特快列車N'EX**：連接成田空港駅（第一航廈）、成田空港第二ビル駅（第二航廈）與都心的東京、品川、澀谷、新宿、池袋，更遠可抵達橫濱、高尾和大宮。

以下為機場前往各主要車站的時間和票價（車票＋普通指定席）：

路線名	目的地	時間	價格
成田特快列車 N'EX	東京	約59分	¥3,070
	品川	約70分	¥3,250
	澀谷	約78分	¥3,450
	新宿	約83分	¥3,450

直通運轉

在研究東京的地鐵電車時，常會看到「直通運轉」這個詞，一查才知道，原來這指的是不同鐵路公司或不同車班的路線相互連接，擴大鐵道使用範圍的情況。舉例來說，京急電鐵從羽田機場出發的列車行駛至泉岳寺駅，與都營淺草線相通，沿著路線直接便駛向淺草、押上，有的甚至再開到成田機場。

◎**成田SKY ACCESS**：京成電鐵分為成田SKY ACCESS線（成田スカイアクセス線）和京成本線兩條路線，成田SKY ACCESS線又有Sky liner和ACCESS特快（アクセス特急）2種車，距離較近，速度也快。以下為不同路線由機場前往各主要車站的時間和票價比較：

往	成田 SKY ACCESS線		京成本線			
	sky liner	ACCESS特快	特急	快速特急	快速	Morning/ Evening Liner
日暮里	約40分 ¥2,570	約53分 ¥1,270	約68分 ¥1,050	約80分 ¥1,030	約90分 ¥1,030	約70分 ¥1,720
上野	約46分 ¥2,570	約60分 ¥1,270	約80分 ¥1,050	約85分 ¥1,030	約95分 ¥1,030	約75分 ¥1,720
品川		約80分 ¥1,550 （京急線利用）				

巴士

前往東京都內主要是利用利木津巴士，不只都心的路線眾多，近郊景點班次也不少。除了主要車站，一些知名的飯店附近幾乎都有機場巴士停靠，如果你投宿的地點也在停靠站附近，那就非常方便，只是比較怕遇上塞車。

◎**LCB 低成本巴士**：這是運行在成田機場與東京市區之間的超值巴士。不同的路線由不同公司營運，目前路線還不算太多，但對於想去主要市區的人來算是方便。

目的地	時間	價格	營運公司
東京 銀座	約60分	¥1,300	京成巴士
澀谷	約70分	¥1,900	東急巴士
池袋	約70分	¥1,900	WILLER EXPRESS
豐洲市場	約70分	¥1,800	千葉內陸巴士

無法選擇要以什麼方法進入東京都心，幫你把利弊都整理好了，就看這個表吧！

	利木津巴士	LCB	地鐵普通車	直達列車	計程車
行李又多又重	○	△	△	△	○
只要便宜就好	△	○	○	△	╳
只要輕鬆就好	△	△	╳	△	○
沒時間，要快點	△	△	╳	○	△

◎**利木津巴士**：連接成田空港第一ビル、空港第二ビル駅與新宿車站、東京駅、東京城市航空總站和橫濱巴士航空總站，並直達新宿、東京、池袋、銀座、汐留、澀谷、品川、赤坂等各地的特約飯店。以下為路線與價格指南：

一航站牌	二航站牌	往	由機場
2，11	6，16	新宿站、新宿巴士總站	約85分，¥3,200
2，11	6，16	新宿地區飯店	約85~130分，¥3,200
1，10	7，17	T-CAT(東京城市航空總站)	約60分，¥2800
1，10	7，17	東京站·日本橋	約80~110分，¥3,200
3，12	5，15	羽田機場	約60~80分，¥3,200
1，10	7，17	池袋地區飯店	約75~140分，¥3,200
2，11	6，16	日比谷地區飯店	約75~130分，¥3,200
1，10	7，17	銀座地區飯店	約75~130分，¥3,200
1，10	7，17	汐留 御台場地區飯店	約90~145分，¥3,200
2，11	6，16	赤阪·六本木地區飯店	約90~120分，¥3,200
1，10	7，17	澀谷地區飯店	約75~125分，¥3,200
4，13	4，14	惠比壽·品川地區飯店	約85~110分，¥3,200
3，12	5，15	橫濱市候機樓（YCAT／橫濱站東口SKY大廈1F）	約90分，¥3,700

羽田機場→東京市區

羽田機場位於東京市內，嶄新的國際線航廈不但充滿設計感，交通上也只要20分鐘就能抵達山手線的車站，比起成田機場，離市區近上不少。主要的交通選項有東京單軌電車、京急電鐵或利木津巴士。

電車

◎**東京單軌電車**：連接羽田機場與JR山手線上浜松町駅；分為機場快速線、區間快速線與普通車三種，價格都一樣，搭乘機場快速線由國際航廈到到浜松町駅最短時間為13分。以下為路線與價格指南：

路線名	目的地	時間	價格
機場快速線	浜松町	約13分	¥500
區間快速線	浜松町	約15分	
	天王洲アイル	約10分	
普通車	浜松町	約18分	

◎**京急電鐵**：連接羽田機場與JR山手線上的品川駅，因為與都營地下鐵直通運行，因此也可以不換車一路前往新橋、日本橋、淺草。至品川最短時間為12分。以下為路線與價格指南：

路線名	目的地	時間	價格
京急電鐵	品川	約12分	¥300
	日本橋	約27分	¥510
	淺草	約33分	¥570
	押上(東京晴空塔)	約37分	¥570
	橫浜	約24分	¥370

巴士

◎**利木津巴士**：連接羽田機場與新宿車站、東京車站、東京城市航空總站，並直達新宿、池袋、銀座、澀谷、品川、赤坂等各地的特約飯店。以下為路線與價格指南：

路線名	目的地	時間	價格
利木津巴士	T-CAT（東京城市航空總站）	約30分	¥900
	澀谷區	約55分	¥1,000
	新宿地區	約20分	¥800
	池袋地區	約60分	¥1,300
	台場	約55分	¥1,300
	東京迪士尼樂園度假區	約30分	¥1,000

東京地鐵圖

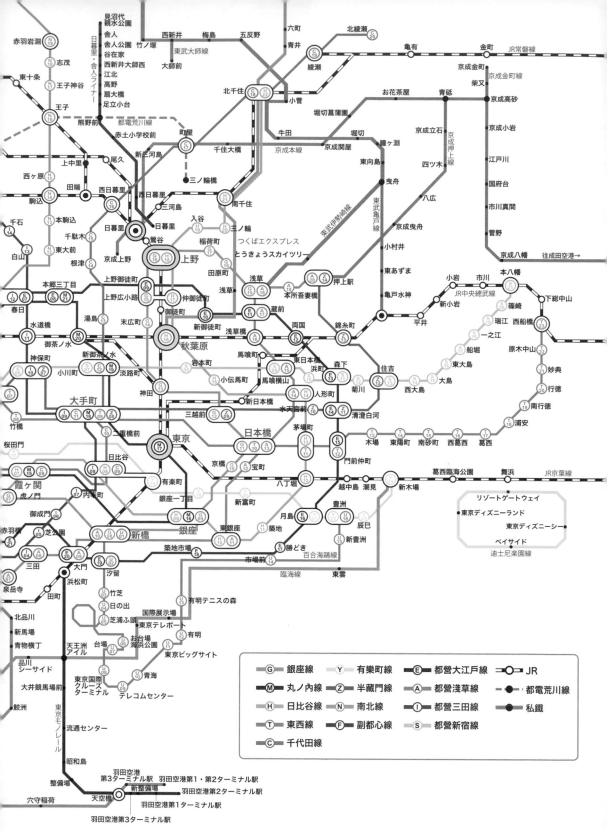

東京市區交通

電車／地下鐵

JR東日本

🌐 www.jreast.co.jp ☎ 0180-993-900

　　JR（Japan Rail）原本是指的是日本國營鐵路，但政府不堪長期的虧損，於是將JR民營化，而依日本各個區域，分別成立JR東日本、JR東海、JR西日本、JR北海道、JR九洲、JR四國等幾個民營公司。東京是屬於東日本的營業範圍，我們在東京都內最常利用到的就是山手線與中央·総武線了。

山手線

重要車站：東京、新橋、品川、目黑、惠比壽、澀谷、原宿、新宿、池袋、上野、秋葉原

　　有著醒目綠色車箱的山手線，是日本第一條環狀線，串連了東京所有人氣地區，因此被認為是遊逛東京的旅客們最常使用的交通路線，也是認識東京的第一步。

中央·総武線

重要車站：東京、飯田橋、新宿、中野、吉祥寺、三鷹

　　有著橘色線條車箱外觀，中央総武線是從東京前往新宿的捷徑。此路線在通過中野駅前為快車，只停靠了4站，而過了中野駅後則改為每站都停的普通車，可通往吉祥寺、三鷹。

東京Metro

🌐 www.tokyometro.jp ☎ 03-3941-2004

　　東京的地下鐵系統，大部分都是屬於東京Metro系列的路線。四通八達的東京Metro路線總共有9條是串聯都心交通最方便的地鐵線路。

丸の內線

重要車站：新宿、赤坂見附、銀座、東京、後樂園、池袋

　　丸の內線從池袋連向東京駅，再經由新宿延伸至荻窪，全線有13個站能與其它線相構，將東京都內許多重要大站都連結起來，尖峰時刻每1分50秒就有一班車，是日本班次最密集的一條線路。

銀座線

重要車站：澀谷、表參道、赤坂見附、新橋、銀座、日本橋、上野、浅草

　　行駛於澀谷與浅草之間的銀座線早在1939年就已經全線通車，是東京的第一條地下鐵。由於路開得早，開挖並不深，車站反而比JR、東急等電車站還要高一個樓層。銀座線貫穿東京的精華區，悠久歷史充滿懷舊風情。

日比谷線

重要車站：惠比壽、六本木、銀座、秋葉原、上野

　　日比谷線往來於北千住與目黑之間，所經的車站諸如上野、銀座、六本木等，都是精采無比的重點區域，另外。對要轉搭京成電鐵或是往來成田機場的旅客，算是一條很方便的路線。

副都心線

重要車站：澀谷、新宿三丁目、池袋

　　東京Metro當中最新的一條線，在2008年6月開通，主要目的是疏散澀谷到池袋間的人潮，因此經過不少大站如澀谷、明治神宮前、新宿三丁目、池袋等，過池袋後則和有樂町線一路共線到和光市。

千代田線

重要車站：明治神宮前、表參道、赤坂、根津、千駄木

　　連接西南方的代代木上原和東北方的北綾瀨，綠色的千代田線，經過明治神宮（原宿附近）、赤坂和根津、千駄木一帶的谷根千地區，過了代代木上原後則與小田急線直通運轉抵達下北沢，最遠可到唐木田、本厚木一帶。

都營地下鐵

🌐 www.kotsu.metro.tokyo.jp ☎ 03-3816-5700

　　都營地下鐵和東京Metro同屬地下鐵系統，包括大江戶線、浅草線、三田線和新宿線，其中觀

光利用度較高的是大江戶線和浅草線。

大江戶線

重要車站：都廳前、六本木、汐留、築地市場、月島、飯田橋

由於都營大江戶線在全線38個站之中，就有21個站是與其它線相連，將原本分散的地鐵、私鐵路線整合起來，被視為東京繼JR山手線之後，第二條環狀交通動脈。

浅草線

重要車站：浅草、日本橋、東銀座、新橋

連接了東京東區的浅草一帶的浅草線，沿途不少站都可以和其他鐵路相互轉乘，十分方便。另外，浅草線在泉岳寺站和京急線直通運轉，可直通羽田機場；另一側的押上站則與京王押上直通運轉可以前往成田機場。

都營路面電車：都電荒川線

重要車站：早稻田、三之輪橋、王子站前

同屬都營的都電荒川線，是東京都內目前現存的唯二條路面電車。以單一車廂行駛，平均時速只有13公里的都電，在瞬息萬變的東京，可説是懷舊情趣的代表風景，讓人可以更貼近東京在地的古早生活樣貌。**詳見P.18。**

京王井の頭線

🌐www.keio.co.jp ☎042-357-6161

重要車站：吉祥寺、井の頭公園、下北沢、澁谷

行駛於澁谷與吉祥寺之間的井の頭線，名字的由來便是吉祥寺的著名景點井の頭公園。除了有吉祥寺的雜貨之外，另外下北沢更是深受日本學生喜歡的購物天堂，藉由這條線，不只有自然公園，購物也是一定能被大大滿足。

東急東橫線

🌐www.tokyu.co.jp ☎03-3477-0109

重要車站：澁谷、代官山、中目黑、自由が丘、橫浜

來往東京都內與郊區橫浜之間的東急東橫線，連結了兩個總是走在時尚尖端的區域「澁谷」與「港區21」，而沿途盡是高級住宅區，要看東京時尚一族，搭這線就對了。另外急行列車並沒有停代官山，搭車時需留意一下。

百合海鷗 (ゆりかもめ)

🌐www.yurikamome.co.jp ☎03-3574-0821

車班種類

- ●**各停／普通列車**：類似台灣説的慢車，每一站皆停靠之意。優點是不易坐過站，但缺點就是浪費時間。
- ●**快速／急行／準急列車**：這些種類的列車都是屬於快車，並非每站都停。大多會停靠的都是轉運站。如果目的地是有名的大車站或終點站，可以放心搭乘沒有關係；但如果是大站與大站間的小站，那麼還是事先看清楚月台上的車種表或是向站務員詢問，以免搭錯車白白浪費更多時間。
- ●**JR特急列車**：JR特急列車是比一般的快速列車更快能到達目的地的列車，相對的停靠的站數就更少了。要搭乘JR特急列車除了進出車站的乘車券之外，還需要另外購買特急券或指定席券，所以看到特急列車不要一股勁就衝上車，以免在車上被車掌補票。
- ●**新幹線**：時速200~300公里的超快速列車，適合做長距離移動時的交通工具。沿途可享受在速度感下欣賞各地景色，雖然票價高昂、但在時間有限的行程中以金錢換取時間，也不失是一種聰明玩法。

重要車站：汐留、台場、青海、豐洲

連接台場地區的交通幹線，沿著高架列車軌道，由汐留一帶的超高樓穿行到濱海港灣，沿途繞行台場區域的各大景點，大扇車窗外的各站風景，就已是觀光的一部分。

東京スカイツリーライン(東武伊勢崎線)

🌐www.tobu.co.jp ☎03-5962-0102

重要車站：淺草、東京晴空塔、北千住、東武動物公園、館林、伊勢崎

從東京都的淺草，經由栃木，再到群馬東部的伊勢市，東武伊勢崎線是東武鐵道最早開業的一條路線，一開始只有北千住到久喜間，其中經過多次擴建才有現今的規模。從東京都內搭此線至東武動物公園可轉搭東武日光線。

西武池袋線

☎04-2996-2888

🌐www.seibu-group.co.jp/railways/

重要車站：池袋、練馬、所澤、飯能

從東京都內北西部延伸至埼玉縣南西部的西武池袋線，沿途大多都是住宅區域，較沒有觀光

景點。但由池袋線可以轉乘西武各線，更可轉乘至川越等地。而從池袋也有「レッドアロー号」特急列車，只要80分鐘就能到秩父。

小田急小田原線

☎03-3481-0066 🚹www.odakyu.jp

重要車站：新宿、下北澤、新百合ヶ丘、相模大野、小田原

小田急小田原線連接新宿至神奈川西部的小田急，而要到東京近郊最具人氣的景點「箱根」，也可至小田原駅轉搭箱根纜車，至達箱根各個著名景點。另外從相模大野駅可轉乘江ノ島線，與神奈川縣的南部做串聯。

轉乘技巧

上下班時間很擁擠

每天早上8:00左右，以及傍晚18:00都是都心內交通雍塞的時刻。這時地鐵等交通工具也是擠滿了人，有時還會見到站務員在門外將人擠到車中，除非故意想體驗一下，否則還是建議避開上下班時段，比較從容。

把握山手線

東京都心觀光的大多景點都落在山手線沿線，坐山手線就能巡遊東京都心一圈，可說是東京觀光的入門鐵道路線。搭乘山手線的好處是不用怕搭錯車，但如果搭到不對的方向，僅是浪費時間，其實不管外回、內回，上車前只要先知道自己在哪一站，而列車開往哪一站，選擇近的那一邊搭就對了。

出站前補票

如果你在買票時看不懂多少錢或是臨時在不同站下車，出站前都還有「精算機」可以補票，Suica餘額不夠時也一樣可以用有Suica標示的精算機解決。將票放入精算機後，按照螢幕顯示的差價金額投入，再取回機器吐出的精算券或加值完成的Suica即可。不會用精算機的話，也可以直接從改札口最旁邊有站務員的通道走，把票交給他請他解決。

不被站名迷惑

東京地下鐵網路密布，常有許多車站明明不同站名，卻近在咫尺。以下舉幾個例子：

原宿駅	←→	明治神宮前駅
(JR山手線)		(Metro千代田線)
秋葉原駅	←→	末広町駅
(JR山手線)		(Metro銀座線)
新橋駅	←→	汐留駅
(JR山手線)		(都營大江戶線、百合海鷗號)
有樂町駅	←→	日比谷駅
(JR山手線)		(Metro日比谷線)

而即使是同站名，搭不同路線也會有差別。例如同樣是六本木駅，要到六本木Hills的話，搭Metro日比谷線較近，而要到東京Mid Town的話則建議搭乘都營大江戶線。搭乘Metro銀座線至淺草駅，出站便能抵達雷門，若是搭到都營淺草線的話，出站還要走一段路才會到主要觀光區哦！

優惠票券

東京地鐵通票／Tokyo Subway Ticket

使用範圍：依票券不同，可在使用後的24/48/72小時內任意乘坐東京Metro及都營地下鐵全線。

價格：24小時券¥800，48小時券¥1200，72小時券¥1500。兒童半價。

購買：

◎成田機場第一航廈及第二航廈1F的京成巴士售票櫃台

◎羽田機場國際線入境大廳2F觀光資訊中心

◎東京Metro旅客服務中心：上野駅、銀座駅、新宿駅、表參道

◎其他地點詳見官網

優點：價錢十分划算。拿24小時券與「東京Metro 都營地下鐵共通一日券」(大人¥900)比較，前者採小時計算更實際，票價¥800也較便宜，若購買72小時券，更相當於一天只要¥500就可搭遍東京地下鐵系統。

缺點：不能搭乘JR路線

東京Metro地鐵24小時車票／東京メトロ24時間券

使用範圍：使用後連續24小時內自由搭乘東京Metro全線。分為前售票和當日票。

價格：大人￥600，兒童￥300。

購買：當天可在東京Metro的自動售票機購買，也可在東京Metro的定期券販賣所（定期券うりば）購買前售票。

優點：價錢划算。Metro單程至少￥170起跳，若是會於24小時內搭乘4次以上地鐵，或是車資總額超過￥600，都可以考慮購票。

缺點：無法搭乘都營地下鐵、JR、私鐵路線。如果搭到私鐵與JR的直通運轉區間，需另外補車資。

都營一日乘車券／都営まるごときっぷ

使用範圍：可無限次搭乘都營系列的所有交通工具；包括都營地下鐵、都營巴士、都電荒川線、日暮里·舍人Liner。

價格：大人￥700，兒童￥350。

購買：都營地下鐵和相關交通系統的自動售票機可直接購買當日券。前售券可於各相關交通系統的窗口購買。

優點：適用於都電荒川線，適合想來趟荒川線小旅行的旅客。

缺點：無法搭乘東京Metro、JR及其他私鐵系統。

東京都市地區通票／都区内パス

使用範圍：購票當日可無

限次自由搭乘東京都心範圍JR線的普通和快速列車自由席。

價格：一日券大人￥760，兒童￥380。

購買：可於通票使用範圍內（東京23區內）的JR東日本主要車站內的指定席券販賣機、綠色窗口（みどりの窓口）、View Plaza（びゅうプラザ）、JR EAST Travel Service Center購買。

優點：票價優惠。JR單程車資至少￥140，只要1天搭個5、6次，此票券就已回本

缺點：旅人常去的吉卜力博物館、迪士尼樂園、吉祥寺等景點在使用範圍之外。

東京自由通票／東京フリーきっぷ

使用範圍：又稱「東京環遊車票」或「東京旅遊車票」，可在一日內自由搭乘JR線東京都內區間的普通車（包含快速列車）、東京Metro地鐵全線、都營地鐵全線、都電荒川線、包含多摩地方在內的都營巴士全線（深夜巴士、定員制巴士除外），以及日暮里·舍人線全區間。

價格：大人￥1600，兒童（6~11歲）￥800。

購買：各交通系統和びゅうプラザ均有售，各站窗口也販賣前售票。前售票需在購買日起的一個月內使用完畢。

優點：適用範圍廣泛，適合一天內會頻繁使用各交通系統、或是搭乘距離較遠的人。

缺點：售價較高，東京都內轉車一日很少會超過￥1590，最好事先預估是否划算。

巴士

在東京，JR與地鐵等交通網便已經十分方便，但是當愈玩愈深入，有些地方用巴士反而快速又直接。例如從調布到三鷹，搭巴士比轉鐵路來得方便；從裏原宿要到澀谷，懶得走回車站搭JR，那不如在附近的公車站搭上直達澀谷的巴士！另外，從澀谷要到世田谷各地區，搭公車也十分方便！

搭巴士步驟

Step 1.尋找站牌：依照要前往的方向尋找正確站牌。

Step 2.前門上車付費：由前門上車並先付車資，

若投入超過車資的金額會自動找零。紙鈔也可付費，但只接受千円紙鈔。

Step 3.前方看板顯示下車站：電子看板會顯示即將抵達的車站。

Step 4.按鈴下車：下車前按鈴，待車停穩後再起身由後門下車。

觀光巴士

◎**HATO BUS**：曾多次在日劇裡出現的HATO巴士(鴿子巴士)，是東京歷史悠久、使用度最高的觀光巴士，提供完

整豐富的都內及近郊行程選擇。日文導覽行程的主要發車地在東京車站丸之內口，英文或中文行程則多從濱松町的巴士總站出發。

🌐www.hatobus.co.jp

◎**SKY BUS**：想搭乘露天觀光巴士遊歷東京風景，在東京車站前可以搭乘這輛火紅色的雙層露天巴士，路線繞行東京最中央的皇居、銀座、丸

之內一圈，耗時約50分鐘，一路上會有人詳細解說巴士行經的各棟建築或歷史。

🌐www.skybus.jp

計程車

東京的計程車十分多，在各大車站、百貨附近都看得到。而車資的計算，都內大多起跳都為¥710，2公里後才會開始跳表，約每行進288公尺增加¥90，晚上22:00至早上都要加成。

以下表列幾個常用路徑供參考：

計程車路徑	所需車資	所需時間
東京駅←→羽田空港八重洲口	¥6000~7100	約70分
上野駅←→成田空港	¥21300	約80分
銀座松屋百貨←→台場AQUA CITY	¥2690	約30分
東京鐵塔←→東京巨蛋	¥2000~2240	約20分
東京鐵塔←→東京晴空塔	¥3860	約20分
淺草雷門←→東京晴空塔	¥800	約10分
六本木hills←→東京都	¥2150	約20分
吉祥寺駅←→三鷹吉卜力美術館	¥710	約10分
新宿駅西口←→築地市場	¥3000	約30分
調布駅北口←→深大寺	¥980	約10分

※此表內容僅供參考，車資與時間會依實際交通狀況而有所變動。

交通網四通八達的東京，讓人常常忘記除了地下鐵以外，東京也有難得的水都風情，悠悠流貫東京東部的隅田川，沿河多處古橋、往來於川上的屋形船與現代交通船，仍是東京的風物詩，也為現代感十足的東京增添了幾分懷舊情懷。

奔馳在東京街頭、綠色與米色相間的復古路面電車，一度是東京主要交通工具，隨著自用車的普及和交通型態的改變，走下歷史的舞台，但在東京仍有兩條路面電車線難得地被保留下來，其中，最為人知也最受觀光客歡迎的，就是跨行早稻田到三之輪之間的都電荒川線。

換個角度玩東京

坐交通船，搭路面電車，移動中也能看看不一樣的東京風景，感受繁忙節奏裡時光流動的緩慢詩意。

隅田川遊船

流經東京台東區與墨田區之間的隅田川，從江戶時代開始，就已在東京庶民生活中扮演極重要的角色，生活所需、所用，甚至娛樂，都和這條河有關。雖然現在河岸一方已經發展成為繁榮商區，然而這裡仍舊是保留各種江戶文化最完整的區域。隅田川上，橫跨有27座公共或私有運輸橋梁，其中13座為主要交通動脈所在，而且各自擁有獨特造型與建築結構。搭乘水上巴士，就是在回味江戶味和造橋行便的歷史，所以隅田川水上巴士一直都是東京都很受歡迎的觀光行程，也是造訪東京遊客的必遊行程。

❶淺草

淺草寺是淺草的信仰中心，相傳起源在一千多年前，有人在隅田川中撈起了一尊黃金觀世音菩薩像，建了座小小的廟堂虔心的供奉。後來淺草觀音寺漸漸成為了武將和文人的信仰中心，也是江戶時期最熱鬧的繁華區，直到現在依然香火鼎盛。→P.31

水上巴士

由東京都觀光汽船株式會社經營的水上巴士，可分為數條路線，並有10艘造型各異的船隻運行。其中以動畫巨匠松本零士的鉅作「銀河鐵道999」為造型靈感的Himiko／Hotaluna，流線型銀色的外殼到了晚上還會閃爍變幻著濃紫、螢藍等超高輝度LED，宛若一艘飛進現代的未來之船，讓熱愛超現實世界的大人小孩皆為之瘋狂。

☎0120-977-311

● 各航段、船型發船時間不一，詳洽官網

⑤Himiko／Hotaluna：淺草-台場大人￥1720、12歲以下小孩￥860、6歲以下免費，比平常的水上巴士貴￥300

⑩www.suijobus.co.jp

- 桜橋
- 言問橋
- 淺草 ❶ 淺草寺
- 吾妻橋　❷ 東京晴空塔
- 駒形橋
- 厩橋
- 蔵前橋
- ❸ 國技館
- ❹ 江戶東京博物館
- 両国橋
- 新大橋
- 清洲橋　● 清澄白河
- 隅田川大橋
- 永代橋
- 中央大橋
- 佃大橋
- 築地市場 ❻　● 月島
- 浜離宮恩賜庭園 ❺　浜離宮
- 勝鬨橋
- ❽ LaLaport豊洲
- 豊洲
- 日の出桟橋
- 東京ビッグサイト
- 彩虹大橋
- お台場海浜公園
- ❼ 台場
- パレットタウン

❷東京晴空塔

結合未來感與傳統建築意識的晴空塔，在原本相對寂靜的下町地區卓然而立，最大的魅力說起來很簡單：這是東京新高點，能由全新角度欣賞東京和近郊風景。設施可分為景觀台、景觀餐廳、商場TOKYO Solamachi與休閒綠地。→P.22

❸國技館

相撲是日本獨有的運動，每年固定6次大相撲之中，1月(初場所)、5月(夏場所)、9月(秋場所)都是在這裡舉辦，也是這兒最熱鬧的時刻。而平時沒有比賽的時候，也可以來這裡參觀相撲博物館，雖然小小的，但展示著與相撲有關的資料，喜愛傳統日本國技的朋友千萬不能錯過。

03-3623-5111 墨田區橫網1-3-28 依比賽日期有所不同，相撲博物館10:00~16:30每週末、例假日休館 相撲博物館免費

❹江戶東京博物館

江戶是東京的舊稱，江戶東京博物館所呈現的就是這段期間東京的風貌與文化。博物館的常設展區可分為「江戶區」與「東京區」，在這兩個展區分別展出江戶時期的傳統建物與東京初期的摩登建築，就連有名的「日本橋」也都是1:1製作，走進這裡就像真的置身在一個城鎮之中，十分逼真。

03-3626-9974 墨田區橫網1-4-1 1 因為設備老舊，於2022年閉關整修，預計3年後（2025）會再重新開放參觀。 www.edo-tokyo-museum.or.jp

❺浜離宮恩賜庭園

濱離宮恩賜庭園從江戶時代開始，就是日本德川家族的別墅，後來變成皇室庭園，直到第二次世界大戰以後，才開放給民眾進入參觀。庭園佔地25萬平方公尺，庭園內花木扶疏，一年四季都有植物花卉可以觀賞。最難得的是，它的庭園設計保持大自然原始風貌，沒有經過太多刻意修飾。

03-3541-0200 中央區浜離宮庭園1-1 9:00~17:00(入園~16:30) 12月29日~1月1日 一般¥300，65歲以上¥150，小學生以下免費

隅田川花火大會

每年夏天在隅田川舉辦的花火大會動輒2萬多發的燦爛煙火，將東京的夜空妝點得五光十色，每年還會推出新的煙火花樣，讓長達1小時20分鐘的煙火大會更加有看頭。會場就位在隅田川畔，且又細分為櫻橋到言問橋間的第一會場，和駒形橋到廏橋間的第二會場，施放煙火的巨型火藥鐵船就停放在二個會場中的隅田川上。

❻築地市場

在東京旅行時，找天起個大早，到築地市場吃一頓最新鮮的握壽司早餐，早已是許多遊客的定番行程之一。即使魚市場已經搬到豊洲了，但曾有東京廚房稱號的築地市場，周邊許多小吃店家，新鮮又便宜，也成為觀光客的最愛。**→P.80**

❼台場

緊臨東京灣的台場，是東京公認最浪漫的地方。在這可以感受到海風徐徐吹拂的海埔新生地上，有著占地寬廣、內容五花八門的遊樂中心和購物商場。尤其是橫跨東京灣的彩虹大橋閃爍著絢爛的燈光，帶來夢幻醉人的夜景。**→P.148**

❽LaLaPort

位於豐洲的LaLaport利用過去造船工廠改建，在戶外廣闊的公園腹地仍保留當時的遺跡，總共約有190家商店、餐廳，其中規劃有寵物用品專賣店、愛犬專用綠地，號召喜愛寵物的主人們一起逛街，享受悠閒時光。

03-6910-1234 江東區豐洲2-4-9 商店10:00~21:00，餐廳11:00~23:00 不定休 豐洲駅北口徒步5分 toyosu.lalaport.jp

都電荒川線

從早稻田的學院風景開始，荒川線一路經過有著江戶川風景的面影橋、古神社和美麗靈園圍繞的鬼母子神社前、歐巴桑的原宿庚申塚、風景優美的飛鳥山公園、帶著懷舊童年氣氛的荒川遊園地，經過的路段，大多是和東京刻板印象不同、安靜而帶著緩慢生活氣氛的地區。和當地的學生和老婆婆們一同乘車，望著前方陽光下閃耀的路面鐵道和兩旁的流逝的路人和建築物，每一幕，都是旅行中的小小風景。

都電荒川線小檔案

總站數：30　總長度：12.2KM　電話：03-3893-7451

時間：約6:00~23:00，每5~6分一班車。7:00以前和20:00以後班次較少。

票價：均一價單程大人￥170，兒童￥90。都電一日乘車券大人￥400，兒童￥200

乘坐指南：前門上車付錢，到站按鈴，後門下車。大部分車站都是無人站，一日乘車券可以在車上或是少部分站內窗口直接購買。另外SUICA和PASMO也都能使用。

鬼子母神社

鬼母子神社的歷史可追溯到16世紀間，現在的神殿樣式，還是依據1664年時的樣式復原修復而成。殿中的鬼母子神面容慈祥，保祐安產與養育，數百年間香火鼎盛。
☎03-3982-8347　♔豐島區雜司ヶ谷3-15-20　◐自由參觀　ⓦwww.kishimojin.jp

| 早稻田 | 面影橋 | 学習院下 | 鬼子母神前 | 都電雜司ヶ谷 | 東池袋四丁目 | 向原 | 大塚駅前 | 巢鴨新田 | 庚申塚 | 新庚申塚 | 西ヶ原四丁目 | 滝野川一丁目 | 飛鳥山 | 王子駅前 |

早稻田大學

從路中央的小站向右前方坡道走去，經過沿路便宜的學生街餐廳，就能抵達頗有名氣的私立大學——早稻田大學。建於1920年的早大，身前是1882年設立的東京專門學校，從最早的政經、法律、理學、英語發展至今已是擁有10個科系和多個校區的大型學院，其中早稻田校區是最早規模也最大校區。
☎03-3203-4141　♔新宿區戶塚町1-104　◐8:00~22:30，週日例假日 8:00~18:00　ⓦwww.waseda.jp

飛鳥山公園

要提到東京都內的賞櫻名所，飛鳥山公園可是排行榜上的前幾名。約在300年前，八代將軍德川吉宗為了建造一個賞景名所，於是在此植上大量櫻樹，也開啟了人們在櫻花樹下賞花、設宴的風氣。平常在這裡可以見到許多居民健行、休閒，到了春季賞櫻人潮更是不斷，十分熱鬧。
☎03-3908-9275　♔北區王子1-1-3　◐自由參觀

富田染工藝

過去在新宿市區的神田川一側染坊林立，各間店家沿著清流洗布、曬布的壯觀畫面已經不復見。工房開放參觀之外也提供染布體驗，從雙面的小茶巾到自行攜帶T恤加工，都可以由江戶時代至今的龐大紙型收藏中選擇自己喜歡的圖樣，在職人指導下親手塗染色糊（型付け），完成作品。
☎03-3987-0701　♔新宿區西早稻田3-6-14　◐10:00~12:00，13:00~16:00　⊗週末例假日　⑤染布體驗：單面染￥2000，雙面茶巾￥4500　@tomisen@mtj.biglobe.ne.jp　❶體驗需事先預約，限平日；後續製作需要約1個月，完成後可將成品代寄到指定住址

地藏通商店街

從庚申塚駅出站後往南走，就可以走到熱鬧的地藏通商店街入口；這裡可是被稱為歐巴桑的原宿的老派情調商店街。沿路上有著廟宇、點心、便宜的衣服和日用品、超市等，還有專賣大紅內衣褲的知名品牌maruji等當地知名品牌，可以體驗看看另一種樣貌的東京。

☎ 03-3918-2101　📍 豐島區巢鴨3丁目、4丁目
sugamo.or.jp

都電荒川線歷史

明治後期到昭和年代，東京市內的路面電車曾與人們的生活十分貼近，而都電荒川線的前身，運行在大塚駅～飛山駅間的「王子電氣軌道」正是在百年前的那個時代中負載著多數人們的日常，全盛時期更擴張至213公里，一日載客量高達193萬人次，在當時算是十分驚人。

いっぷく亭

搭上從三ノ輪出發的路面電車，在庚申塚駅下車，馬上就會被月台上的小店吸引目光。いっぷく亭是間提供旅客休息的甘味茶屋，這裡的手工おはぎ(沒搗爛的米糰外覆上一層紅豆泥，香Q可口)可是必吃小點心。而香氣十足的炒麵更是用餐時的必點，配上煎得極美的太陽蛋，蛋黃中和了重鹹醬味，讓人一口接一口。

☎ 03-3949-4574　📍 豐島區巢鴨2-32都電庚申塚駅月台上
10:00~18:00　💲 こだわり焼きそば(招牌炒麵)¥990

| 栄町 | 梶原 | 荒川車庫前 | 荒川遊園地前 | 小台 | 宮ノ前 | 熊野前 | 東尾久三丁目 | 町屋二丁目 | 町屋駅前 | 荒川七丁目 | 荒川二丁目 | 荒川区役所前 | 荒川一中前 | 三ノ輪橋 |

あらかわ遊園

充滿許多江戶子(東京土生土長的人)兒時回憶的あらかわ遊園創業於大正11年(1922)，小巧的摩天輪一直是這裡的象徵。現在園內還有與可愛小動物親密接觸的活動，可愛的遊園小火車也是大人小孩都愛的人氣設施。

☎ 03-3893-6003
📍 荒川區西尾久6-35-11
9:00~17:00　🚫 週二、年末年始　💲 入場¥800，遊樂設施券1張¥100，6張¥500　🌐 www.city.arakawa.tokyo.jp/yuuen/　🚃 都電荒川遊園地前徒步5分　❗ 憑都電一日券可免費入場；5/5、10/1免費開放入園

三ノ輪橋駅

開業於大正4年(1913)的三ノ輪橋駅，是關東地區的車站百選之一。由於是首站，再加上車站本身的歷史風情，這裡可說是各路攝影好手拍攝都電荒川線電車的著名景點之一。

☎ 都電03-3893-7451　📍 荒川區南千住一丁目

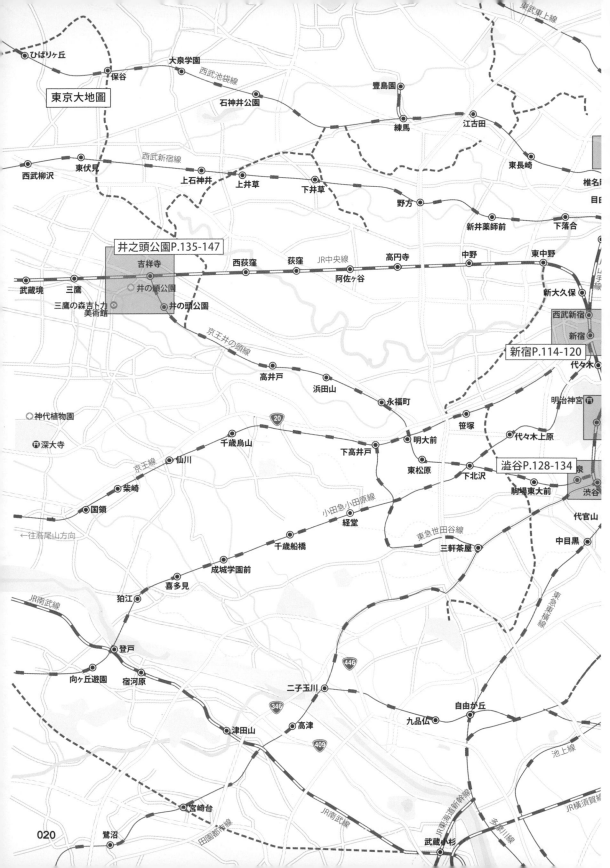

東京大地圖

ひばりヶ丘
保谷
大泉学園
西武池袋線
石神井公園
豊島園
練馬
江古田
東長崎
椎名E

西武柳沢
東伏見
西武新宿線
上石神井
上井草
下井草
野方
新井薬師前
下落合

井之頭公園P.135-147
吉祥寺
西荻窪
荻窪
JR中央線
高円寺
阿佐ヶ谷
中野
東中野

武蔵境
三鷹
井の頭公園
三鷹の森吉トカ
美術館
井の頭公園

新大久保
西武新宿
新宿

新宿P.114-120
代々木

明治神宮

京王井の頭線

高井戸
浜田山
永福町
笹塚
代々木上原

神代植物園
深大寺

京王線
仙川
千歳烏山
20
下高井戸
明大前
東松原
下北沢
澁谷P.128-134
渋谷

柴崎
国領
←往高尾山方向

小田急小田原線
経堂
東急世田谷線
三軒茶屋
駒場東大前

代官山
中目黒

千歳船橋
成城学園前
喜多見
狛江
JR南武線
登戸
446

向ヶ丘遊園
宿河原

二子玉川
346
自由が丘
九品仏
池上線

津田山
高津
409

武蔵小杉

宮崎台
田園都市線
JR南武線
JR東海道新幹線
JR横須賀線
多摩川線

鷺沼

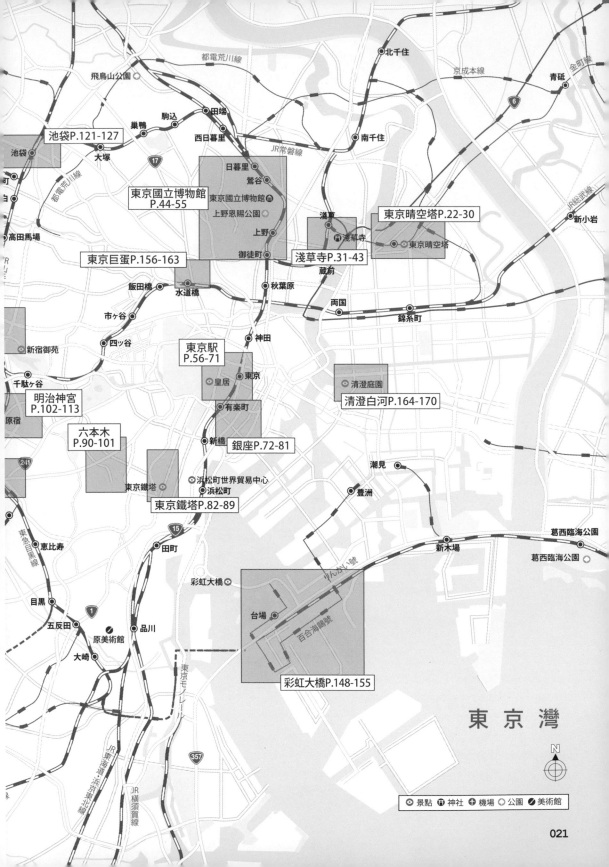

自從落成以來，毫無疑問地，晴空塔已經是造訪東京的NO. 1景點！

造訪東京晴空塔理由

1 東京的天際線新地標

2 觀光吃喝玩買通通都有

3 東京最高展望台

東京晴空塔

晴空塔的吉祥物「晴空妹妹SORAKARA」是個充滿好奇心的金髮星空女孩，在晴空塔商店可以找到許多周邊商品。

MAP P.27 B2

東京晴空塔
とうきょうスカイツリー／Tokyo Sky Tree

2012年5月22日，籌備超過8年的晴空塔終於萬事俱足，盛大開幕。這座標高634的自立式電波塔如同衝向天際的大樹拔地高起，取代了東京鐵塔，成為東京地標，同時更成為世界最高的新高度。來到晴空塔，除了最受注目的晴空塔展望台本身之外，這裡更有三百多間店鋪與美食聚集、包含水族館、天文台、高空夜景餐廳等多重娛樂，而其所在的押上周邊一帶被人稱為「下町」，殘留不少早期江戶的懷舊風情，現在也因為晴空塔而受到關注，成為晴空塔最受歡迎的順遊區域。

Do YOU KnoW

晴空塔高度634有什麼意義？

晴空塔初步規劃時，以超越中國的廣洲塔的610M為目標，原訂高度為610.58M，後期為了展現日本建築技術的實力，克服重重困難，最後選擇了與東京舊國名「武藏国」發音相似的634為最終高度，並刷新世界記錄。

怎麼玩晴空塔才聰明？

安排平常日前往

想登晴空塔展望台，現在也能夠直接購買當日券，由於當日券售票口人潮眾多，建議不趕時間的旅客可在平日直接購買。若不想等，可以走外國人專用窗口，雖然票價較貴(第一展望台¥3100，第一展望台+第二展望台¥4000)，但可省去排隊時間。

東京晴空塔小檔案

開幕：2012年5月22日
高度：634公尺
紀錄：全世界最高的自立式電波塔（2011年登錄金氏世界紀錄）
目的：地面電視台全面數位化後新的電波放送點
設計：日建設計
燈光設計：戶恆浩人
投資額：約600億日幣
吉祥物：「SORAKARA CHAN」（星空妹妹）

晴空塔命名由來

晴空塔起初規畫興建時曾開放民眾投票命名，經過2個月的投票，從「江戶塔」、「未來塔」、「夢見櫓」、「Rising Tower」等6個候選名稱中，最後「Sky Tree」勝出，並以此為概念，延伸出周邊商業建設。

事先購票最輕鬆

展望台的個人預售票須透過網路預約(須有日本信用卡)或透過東武觀光窗口購買。在台灣要事先購票，不妨多利用各大旅行設、KKDAY、KLOOK等售票平台，若無事先預購，強烈建議選擇非假日前往。

都營地下鐵淺草線、京成押上線【押上駅】
とうきょうスカイツリーライン(東武伊勢崎線)【とうきょうスカイツリー駅】

至少預留時間
外觀拍照打卡：30分鐘
登展望台：1.5小時
登展望台+逛商場：半天以上

☎ 03-6658-8012
⌂ 墨田區押上1-1-2東京晴空塔城
☀ 展望台8:00~22:00(最後入場21:00)，TOKYO Solamachi10:00~21:00
☯ 當日票(無指定時間)：第一展望台「天望Deck」大人¥2100、國高中生¥1550、小學生¥950。第二展望台「天望回廊」需加購票券，大人¥1000、國高中生¥800、小學生¥500
⊕ www.tokyo-skytree.jp/

接駁巴士串聯上野、淺草行程

連接上野、淺草與東京晴空塔的觀光巴士Skytree Shuttle，只在週末、例假日時段運行，從10:00~18:00，每隔20分就會有一班車，乘坐一次¥220，能使用Suica等儲值卡。時刻表與停車站
⊕ www.tobu-bus.com/pc/area/pdf/shuttle.pdf

下午進場景色美

要登展望台，最推薦的時刻便是下午。由於下午光線柔和，拍照怎樣都美，天晴時還能欣賞夕陽富士，天黑後還有東京都心夜景，一張門票欣賞日夜兩種風情！

晴空塔展望台內部解剖 直達東京天際新高度

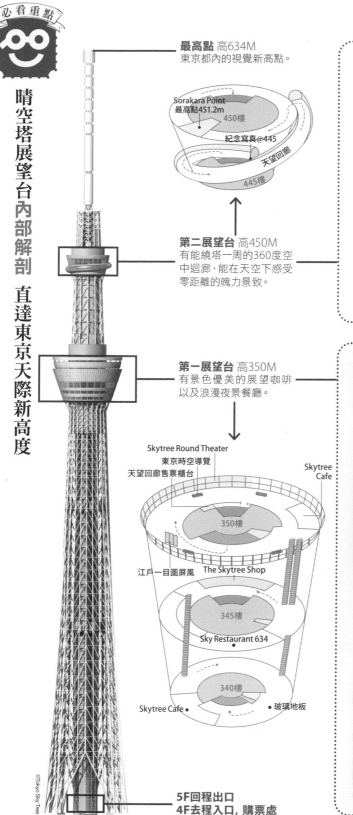

©Tokyo Sky Tree

最高點 高634M
東京都內的視覺新高點。

Sorakara Point
最高點451.2m
450樓
紀念寫真@445
天望迴廊
445樓

第二展望台 高450M
有能繞塔一周的360度空
中迴廊，能在天空下感受
零距離的魄力景致。

第一展望台 高350M
有景色優美的展望咖啡
以及浪漫夜景餐廳。

Skytree Round Theater
東京時空導覽
天望回廊售票櫃台
Skytree Cafe
350樓
江戶一目圖屏風
The Skytree Shop
345樓
Sky Restaurant 634
340樓
Skytree Cafe
玻璃地板

5F回程出口
4F去程入口, 購票處

©Tokyo Sky Tree

天望迴廊@445~450樓
迴廊緩緩的坡度讓人有種走
在宇宙中的錯覺。

東京時空導覽@350樓
從這三面螢幕合起來的導覽
可以看到從晴空塔望出去的所
有景色。

©Tokyo Sky Tree

玻璃地板@340樓
在展望台裡有二處玻璃地
板，距離地面340公尺的高度
讓人心跳加速！

紀念寫真@445樓

在迴廊起點抬頭看向玻璃窗外，可以看到迴廊終點(450樓)有人在為你拍照。拍好的照片就是長這樣！

登頂只要50秒
從四樓的展望台入口搭乘專用電梯，來到位在350M的第一展望台只要50秒，再往上到位在450M的第二展望台，也只要30秒！

Do YOU KnoW
晴空塔只有三腳支撐

遠看為細長圓柱體的晴空塔，其結構體其實只有三腳支撐！因為在東京寸土寸金，為了在有限的土地上使塔身安定，三角型的設置最能節省空間。比起東京鐵塔的4角設計佔地總長的88公尺，晴空塔只用了68公尺。

The Skytree Shop@345樓

⊙10:00~20:30 ❶晴空塔1、5樓也有店舖

不只是晴空塔的原創小物，還有聯合各大品牌的聯名商品，另外可愛的吉祥物Sorakara家族玩偶也是人氣商品之一。

Skytree Cafe@340、350樓

⊙10:00~20:45(L.O.20:15) ⑤ソラカラちゃんパフェ(Sorakara妹妹聖代)¥750

在晴空塔上有兩間Skytree Cafe，位在340樓的Skytree Cafe有座席，且也有許多與吉祥物Sorakara妹妹結合的可愛食物，適合久坐。而350樓的Skytree Cafe則是站席，雖然沒有位子能坐但餐點美味也很受歡迎！

Sky Restaurant 634@345樓

☎03-3623-0634 ⊙午餐12:00~16:00(L.O.14:00)，晚餐17:30~21:00(L.O.19:00) ⑤午間套餐：粹¥6897，雅¥9922；晚間套餐：粹¥16577，雅¥20812 ⊕restaurant.tokyo-skytree.jp/ ❶需預約

位在晴空塔展望台內的Sky Restaurant 634不只坐擁美景，這裡的餐餚將日式食材與和風之美結合西洋料理手法，配合各式擺盤，

素雅又不失高貴，坐在席間令人也不由得優雅了起來。

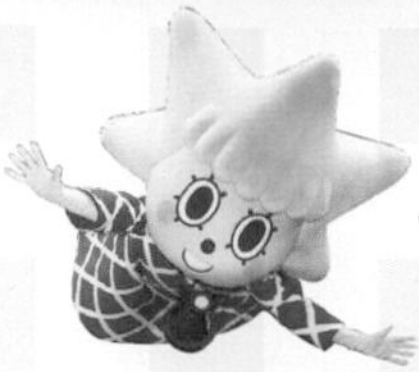

\ 逛逛東京晴空塔城 /

晴空塔的主要設施整體計畫稱為「東京晴空塔城TOKYO SKY TREE TOWN」，包含晴空塔展望台、樓面7層的大型商場TOKYO Solamachi，囊括美食街、餐廳、在地銘菓，好逛又好吃，還有許多限定商品等著你。另外也包括押上至東京晴空塔之間約3.69公頃包含綠地、廣場和沿河步道的全面整治工程，區域廣闊，想要全部逛完，可得花上半天以上。

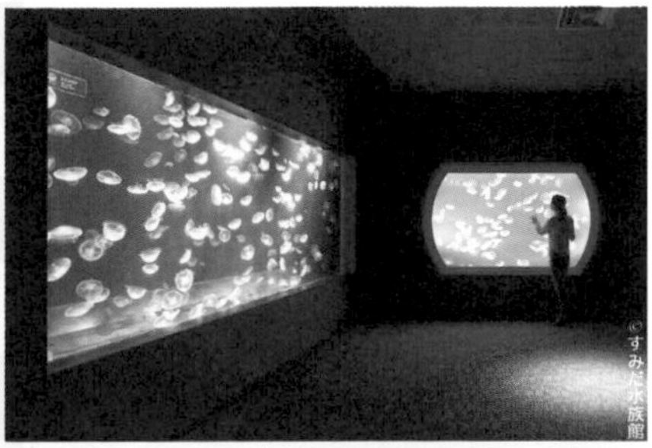

以深藍光線營造幽暗氣氛，水母分透著光，是大人小孩都愛的人氣區域。

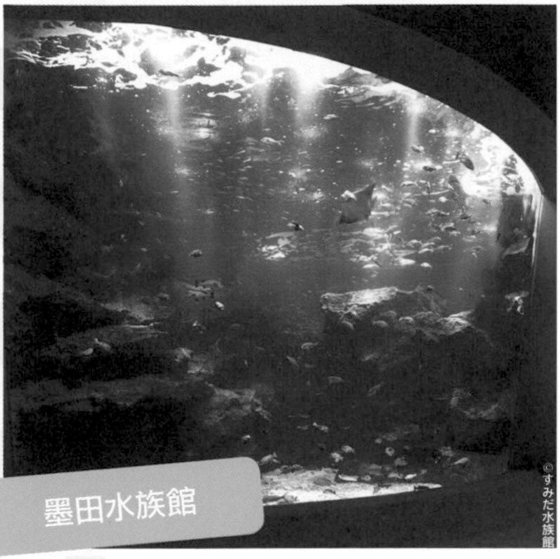

墨田水族館

城市裡的巨大水槽讓人彷彿走入海底世界，與石斑魚、沙汀魚、魔鬼魚等共生在海中悠游。除了以人工海水建造適合生物的舒適環境之外，這裡也擁有日本最大規的室內開放式水槽，可以與企鵝、海狗等小動物近距離接觸。

03-5619-1821 東京晴空塔城 West Yard 5F 10:00~20:00 門票¥2300 www.sumida-aquarium.com

TOKYO Solamachi
03-6658-8012 東京晴空塔城
購物10:00~21:00，餐廳11:00~23:00
www.tokyo-solamachi.jp

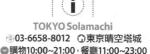

舒適的三日月席(特等席)可坐兩人，想與情人來場浪漫的星空之旅，可得事先預訂。

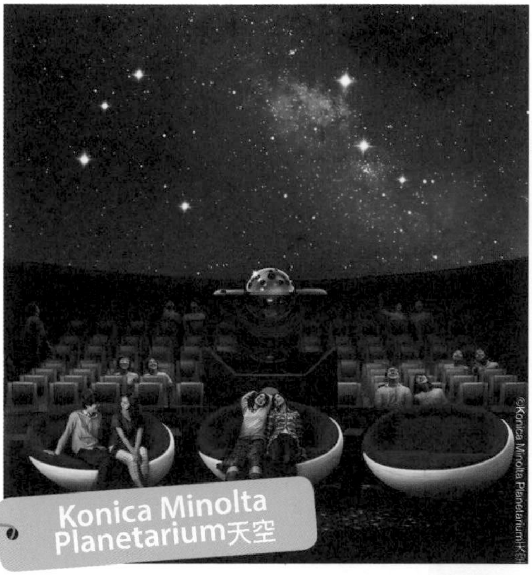

Konica Minolta Planetarium天空

在城市裡仰望滿天星斗不是夢！結合最新立體音響、投影裝置與舒適座椅，Konica Minolta Planetarium天空在東京打造了夢幻的奇跡星空劇場。強調漆黑夜空中繁亮的星，配合動人的音樂與劇情，每天輪番上演2至3個劇目，讓人動心。

03-5610-3043 東京晴空塔城 East Yard 7F 10:00~21:00，每整點上映 Planetarium作品一般席¥1500 planetarium.konicaminolta.jp/tenku/

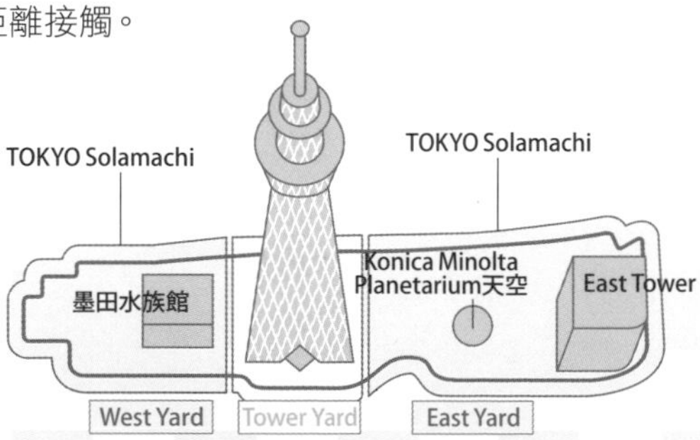

延伸景點

逛完晴空塔，押上一帶的下町情懷正在等著你

MAP P.27 C1

鳩の街通り商店街

拐個彎，從車水馬龍的大道上穿入了粉紅色拱門，彷彿進入了另一個恬靜的世界中。

如何前往

曳舟駅徒步5分，押上駅(晴空塔)徒步15分

info

⌂墨田區東向島5丁目 ⊕hatonomachi-doori.com/

　從曳舟車站沿著水戶街道西行，走沒多久，就會遇到鳩の街通り商店街。經過商店街的再生計劃，現在這裡不只保有逃過戰火的長屋建築，更有由老屋改建而成的咖啡廳、廢棄舊公寓新生的商店街直營商店等，隱藏版的下町散步就濃縮在這裡，等著人們前來探訪。

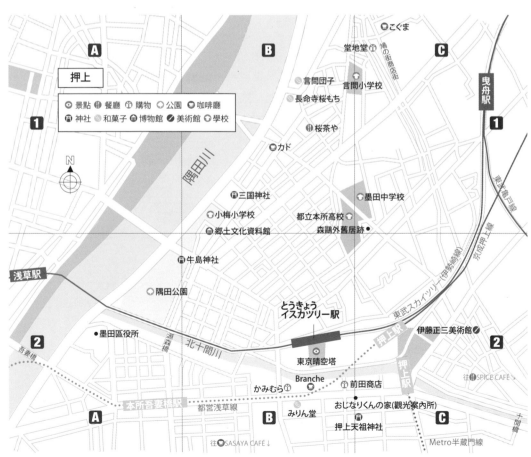

押上

◉景點 ⑪餐廳 ⑪購物 ○公園 ○咖啡廳
⑪神社 ◎和菓子 ⑪博物館 ✦美術館 ⑪學校

隅田川

A　B　C

1

N

こぐま
堂地堂
言問団子　言問小学校
長命寺桜もち
桜茶や
カド
三国神社
小梅小学校　　墨田中学校
郷土文化資料館　都立本所高校
　　　　　森鷗外舊居跡
牛島神社
浅草駅
隅田公園
　　　　　東武スカイツリーライン(伊勢崎線)
　　　　　京成押上線
曳舟駅
東武亀戸線

2

墨田區役所
北十間川
源森橋
吾妻橋
とうきょう
イスカツリー駅
東京晴空塔
Branche
かみむら　⑪前田商店
おじなりくんの家(觀光案內所)
押上駅
伊藤正三美術館✦
往⑪SPICE CAFE
十間橋
本所吾妻橋駅
都営浅草線
みりん堂
押上天祖神社
Metro半蔵門線
往○SASAYA CAFÉ↓

A　B　C

從四周觀賞
巨大的晴空塔美景吧

吾妻橋

從淺草到前往晴空塔，若是時間充裕的晴空塔人一定要走吾妻橋，從這裡望過去的晴空塔與朝日啤酒大樓相映成趣，畫面十分有張力。

📍P.27A2 🚇地下鐵淺草駅1出口往回走即達

十間橋

來到橫跨北十間川的十間橋，可以拍攝出河面完整的晴空塔倒影，是許多專業攝影師要拍攝晴空塔的定番景點。大約是下午至傍晚時間最漂亮。

📍P.27C2 🚇地下鐵押上駅B1口徒步5分

押上天祖神社

從神社望過去的晴空塔雖然多少有些遮蔽物，但將晴空塔與神社建築一同入鏡的畫面也訴說出這片土地新舊交融的故事。

📍P.27C2 🚇地下鐵押上駅B2出口即達

源森橋

木船與電車加上高塔的組合，透露出東京晴空塔所在地的新與舊。在源森橋除了也可以拍到晴空塔的倒影，還能拍攝到電車經過的畫面。

📍P.27A2 🚇從淺草側渡過吾妻橋，至三ツ目通左轉即達

用餐選擇

離開晴空塔也有好吃好玩的，
就穿梭在下町小巷弄中，尋找心中的唯一好滋味

SPICE CAFÉ
咖哩

SPICE CAFÉ 兩種咖哩午間套餐（ペアカレーランチ）¥1400 推薦菜

🏠 墨田區文花1-6-10

喜愛老房子咖啡的人來到SPICE CAFÉ能夠充份感受日式老氛圍，而咖哩狂熱分子來到這裡也必能被這由不同香料熬煮出來的黃褐湯汁深深吸引。店主以兩年的印度餐廳學習基礎加上自己本身對香料的認知，依日本人的口味而製成的原創咖哩；印度人重視的香氣與日本人偏愛的甘韻讓端出來的咖哩飄散著南印度香氣，但每一口嚐下卻又吃到日本精神。

⛰P.27C2 🚶押上駅徒步15分 ☎03-3613-4020 ▾
18:00~23:00(L.O.20:30) 🚪週一、二 🌐spicecafe.jp

SASAYA CAFÉ
有機素食咖啡廳

SASAYA CAFÉ 午間特餐（日替わり）¥1200 推薦菜

🏠 墨田區橫川1-1-10

SASAYA CAFÉ 改建自倉庫，從所在的位置與挑高的天花板、厚重的鐵門等都能窺見其曾有的面貌。現在這裡是間有著悠閒氣氛的咖啡廳，提供有機與素食餐點，絕不使用動物性原料與化學添加物，不只餐點講究，連蛋糕、茶飲、販賣的包裝食品等也皆講求健康有機。

⛰P.27B2 🚶押上駅徒步15分 ☎03-3623-6341 ▾
8:30~18:00 🚪不定休 🌐www.sasaya-cafe.com

みりん堂

和菓子

🏠 墨田區業平1-13-7

走在晴空塔附近，如果在路上想來點小食，有90年歷史的煎餅店みりん堂是不錯的選擇。晴空塔開幕時順勢推出的繪有可愛晴空塔的傳統日式煎餅，十分受歡迎，木色小店裡一枚枚散發著濃濃的醬油香氣的煎餅，可都是由職人親手一片一片燒烤而成。

📍P.27B2 🚃とうきょうスカイツリー駅徒步3分 ☎03-3621-2151 ⏷
9:30~18:00 🈺週一，不定休 🌐mirindo.com

みりん堂
煎餅
（デザインせんべい）
¥126
推薦菜

桜茶や
會席料理
¥12000起
推薦菜

桜茶や

日式料亭

🏠 墨田區向島5-24-10

向島正因為坐落著許多富有悠久歷史且隱秘性高的高級料亭，席間為了助興，常安排能歌善舞又擅談的藝妓列席，吃飯喝酒之餘穿插歌舞表演炒熱氣氛。創業於昭和八年的櫻茶屋，除了可在藝妓伺候下享用道地的日式會席料理，宴席間還能安排與藝妓一起玩一些稱為「お座敷遊び」的小遊戲，體驗日式風情。

📍P.27B1 🚃曳舟駅徒步10分，押上駅(晴空塔)徒步11分 ☎03-3622-2800
⏷預約制 🌐sakurajaya.jp

こぐまカフエ
餡蜜球
（あんみつ玉）
¥500
推薦菜

こぐまカフエ

咖啡廳

🏠 墨田區東向島1-23-14

改建自昭和2年的古藥局，小熊咖啡室內空間使用大量木頭，連桌椅也是小學、中學的課桌椅，不只充滿懷舊感，愛書的主人特地整理了個書架，藏有800冊的各類圖書，不只是三五好友小聚的地方，也很適合一個人來這裡發呆、讀書、品嚐下町的懷舊美味。

📍P.27C1 🚃曳舟駅徒步18分 ☎03-3610-0675 ⏷11:30~18:30(L.O.18:00) 🈺週二、三 🌐www.ko-gu-ma.com

最具江戶風情的代表性觀光地，
也是許多外國人士來到東京的必定造訪之處

造訪淺草寺理由

1. 巨大的雷門打卡點
2. 下町美食讓人吃得飽也吃巧
3. 隔著隅田川可拍攝晴空塔美景

淺草寺

淺草寺

せんそうじ／Sensoji

MAP
P.36
B1

淺草寺

淺草寺小檔案

山號：金龍山
宗派：聖觀音宗
本尊：聖觀音菩薩
創建：土師中知
創建年：推古天皇36年(628年)
國寶：法華經
重要文化財：二天門、伝法院、
元版一切經

　　淺草寺是淺草的信仰中心，尤其掛著大紅燈籠的雷門更是東京的名景，穿過雷門便是仲見世通，每個旅人都會在這裡留下足跡，感受東京不可錯過的下町魅力。除了遊客最多的淺草寺一帶，附近的街巷裡藏有不少百年歷史的美味老鋪，還有歷史悠久的遊園地「花やしき」、上表演江戶傳統演藝的「淺草演藝ホール」等，交織成淺草獨有的下町風情。

　台東區淺草2-3-1
　自由參觀
　免費

至少預留時間
寺內參拜+逛仲見世通
1小時
寺內參拜+逛仲見世通+淺草周邊
3小時

東京Metro銀座線、都營地下鐵淺草線
【淺草駅】
とうきょうスカイツリーライン(東武伊勢崎線)【東武淺草駅】
つくばエクスプレス【淺草駅】

有此一說～

淺草寺的起緣

相傳起源在一千多年前,有兩位漁夫在隅田川中撈起了一尊黃金觀世音菩薩像,地方官土師中知認為是菩薩顯靈,於是就建了座小小的廟堂虔心的供奉。後來淺草觀音寺漸漸成為了武將和文人的信仰中心,成為了江戶時期最熱鬧的繁華區,直到現在依然香火鼎盛。

東京晴空塔落成後,從淺草寺境內也可以眺望美景。若想要拍到神社與晴空塔同框的畫面,過寶藏門這側拍過去最美。

淺草寺的代表景色,莫過於是位在其參道之始的「雷門」,門前終日人潮眾多,說是東京第一也不為過。

除夜鐘／初詣

每年的12月31日是日本的除夕,1月1日則是元旦。在傳統習慣上,除夕夜裡寺廟會敲起108聲鐘響,稱為「除夜鐘」,而每年的第一天,一定要至寺廟(或神社)參拜,稱為「初詣」。淺草為東京信仰與觀光地,每年的年末年始更是湧入大批信眾前來參拜,盛況空前,不妨來湊熱鬧。

參加祭典

有別於日常的淺草寺觀光,特地選在祭典時來訪,更能深入了解東京文化。
2月3日:節分‧福聚の舞
4月第二個週日、11月3日:白鷺の舞
5月17~18日前後(每年不一):三社祭
7月9~10日:四万六千日‧ほおずき市
12月17~19日:歲の市(羽子板市)

逛仲見世通

從雷門開始,一路延伸至寶藏門、本堂,參道兩側聚滿了商家,便被稱為「仲見世通」。這裡有許多有趣的小玩意,充滿江戶時代的工藝品與和菓子等,是淺草最熱鬧的街道,邊走邊吃最是盡興。→見P.34

Do YOU KnoW

雷門與本堂竟然不算古蹟!?

昭和20年(1945)3月10日,一陣天搖地動,東京在大空襲中成為一片焦土,作為當時繁華街的淺草首當其衝,十分慘烈。淺草寺境內的建於慶安2年(1649)的本堂、慶安元年(1648)的五重塔也在當時燒燬,戰後才再重建。

抽籤詩

來到東京最負盛名的古剎,難免要抽籤詩試試運氣,但一般不常見的「凶」在這抽中的機率高達30%以上。其實寺方尊守古訓,以吉:凶=7:3的比例配置籤詩,用以提醒世人向上。如果抽到也不用太在意,只要把「凶」的籤詩結在寺內,壞運便會由寺方化解。

境內解析，帶你了解淺草寺的每個角落

本堂

淺草寺最神聖的，莫過於供奉著聖觀音像的本堂了。原本有著千年歷史，本就是國寶的本堂在戰火中燒毀，現在看到的則是重建於昭和33年(1958)的鋼骨結構建築，特別的是內部天花板則有川端龍子的「龍圖」與堂本印象的「天人圖」，別忘了抬頭欣賞。

淺草神社

位在本堂東側的淺草神社，祭祀著當初開創淺草寺的三人，因明治時期的神佛分離制度而獨立，其拜殿、幣殿、本殿被列為重要文化財。

地圖標示：
錢塚地藏堂
影向堂
淡島堂　藥師堂
本堂
淺草神社
二天門
五重塔
宝藏門
弁天山
伝法院
仲見世通
鎮護堂
伝法院通
雷門

五重塔

五重塔是淺草寺最醒目的地標，擁有超過千年的歷史，雖然期間曾經多次遭受大火毀損並遷移，卻仍是淺草寺的重要信仰建築，目前所看到的是1973年重建，最頂層還有來自佛教之國斯里蘭卡的舍利子。

寶藏門

掛著一個大大紅燈籠上寫著小舟町的就是寶藏門，從雷門走到仲見世通的尾端就是，由於左右各安置了仁王像，所以又被稱為仁王門。942年就可看到的仁王門共歷經三次建造，如今所見為昭和39年所建。

寶藏門的內側掛著巨大草鞋，據說這雙草鞋就是仁王真實的尺寸，象徵著仁王之力！

傳法院通

與仲見世通垂直，傳法院通為了招攬觀光客，做了相當有趣的造街運動，仔細瞧可以看到每家店的招牌風格通通統一，即使是沒有營業的日子，鐵門也畫了趣味十足的江戶圖案，一路上還不時可以發現營造復古風情的裝飾物。

雷門

淺草寺最引人注目的莫過於總門「雷門」，寫著雷門二字的大紅色提燈重達130公斤，雷門的右邊有一尊風神像，左邊則是雷神像，所以雷門的正式名稱就叫做「風雷神門」。

033

仲見世通

賣人形燒的、煎餅的、菓子點心的老舖店家熱熱鬧鬧的大聲吆喝，許多江戶時代的玩具、武士刀、和傘、木屐等充滿著江戶庶民風情的雜貨總是讓外國觀光客好奇不已，人潮川流不息的仲見世總是洋溢著淺草特有的活力。

仲見世通

◎ 景點
● 餐廳
① 購物
◎ 和菓子

◎ 寶藏門
木村家本店(人形燒)
① 助六
淺草九重(炸饅頭)
平尾商店(紀念品)
淺草ちょうちんもなか

◎ 淺草市幼稚園

傳法院通

仲見世柳通

① トイス・テラオ
① 中山商店(紀念品)
三鳩堂
三美堂 ①
龜屋(仙貝、人形燒)
梅園 ◎
① 松ケ枝屋
① 松坂屋(髪簪)
壹番屋(仙貝)
銀花堂(舞蹈用品) ①
① 松壽堂(蛋糕)
仁平青林堂(傘) ①
① 富士屋(和服)
荒井文扇堂 ①
① 西島商店(日式傘)
① 松崎屋(帽子)
むさしや
人形店 ①
舟和(羊羹)
あづま
雷門柳小路
① いなば
淺草仲見世評判堂
本家梅林堂
(和菓子)
テル雷門 Ⓗ
◎ 雷門
尾張屋
(天婦羅炸蝦飯)
黑田屋本店
和泉屋 ①
三定(天婦羅炸蝦飯) ①
Ⓗ プデザ
寄文堂總本店
(人形燒)
雷門通

メトロ通
仲見世通
観音通

いなば

◎台東區淺草1-18-1
◷10:00~19:00

雖説いなば是一家日本民藝品專門店，卻更像是日本民俗雜貨店，除了可以買到淺草出名的零食雷おこし，也可以買到許多來自日本各地的民藝品，例如九州的博多人形、日本東北的小芥子，個個都充滿日本味。

◎台東區淺草1-20-1
◷11:00~17:00

むさしや人形店

想要買點充滿日本特色的擺飾品，むさしや人形店有許多種類豐富的開運招財貓，無論是舉左腳舉右腳的通通都可以買到，另外人形所指的就是人偶，店內當然也有許多日本人偶和傳統的日式玩具。

トイス・テラオ

◎台東區淺草1-37-1 ◷9:00~19:00
⊕toysterao.com

若是帶著小朋友來到淺草，可以來逛逛這テラオ玩具店，從大面的玻璃櫥窗就可以看到擺得滿滿的日本玩具在向人努力招手，豆腐君、鋼彈、芭

比等，門口的小型扭蛋機賣的可是稀有的東京觀光名所徽章，試試手氣留個紀念也不錯。

文扇堂

🏠台東區淺草1-20-2　🕐10:30~18:00　休每月20日過後的週一　💲舞扇￥1,680起

扇子的專門店文扇堂在淺草地區擁有悠久的歷史文化，至今已經傳承到第4代。而文扇堂至今仍以古法製作扇子，是各大傳統藝能流派指定使用的品牌之一。

木村家本店

🏠台東區淺草2-3-1
🕐10:00~18:00
💲あん入り人形 (紅豆餡人形燒)￥600/8個
🌐www.kimura-ya.co.jp

仲見世通上距離淺草寺最近的木村家本店是淺草最老的一家人形燒專賣店，從明治元年創業開始，就一直秉持著傳統的味道直到今天。

人形燒的形狀是淺草寺相關的五重塔、雷門、燈籠和寺院廣場，是淺草最多的鴿子，是淺草必嚐名物。

浅草ちょうちんもなか

🏠台東區淺草2-3-1　💲夏季10:00~21:15　💲アイスもなか(冰淇淋最中)￥330/1個

2000年夏天開業的浅草ちょうちんもなか是專賣冰淇淋最中的商店。最中是日本特有的和菓子，香脆的餅乾外皮是以糯米製作烘烤而成，冬天還可以吃到栗子或煉奶等限定口味。

內餡可夾入甜而不膩的紅豆餡或是適合夏天的冰淇淋，抹茶、香草口味應有盡有。紅豆、黑豆、

日本少見邊走邊吃

在臺灣路上時常可以看到邊走邊吃東西、邊喝飲料的景象，在日本卻少見邊走邊吃的景象。雖在日本沒有明文規定不能邊走邊吃，或許是受到文化影響，在日本街頭上鮮少看到邊走邊吃的畫面，日本人大多會停留在店家旁邊的空地，或是休憩區將手上食物吃完才離開；也有一說是因為街邊垃圾桶很少，所以停留在定點吃完也方便處理垃圾。但這樣的規則似乎不適用於淺草，因淺草已成為觀光朝聖地，大家對於邊走邊吃已十分的寬容，吃完美食後也要妥善處理垃圾哦！

浅草きびだんご あづま

🏠台東區淺草1-18-1　🕐11:00~19:00
💲きびだんご(黍糰子)5根￥330

由黍粉與米粉混合揉成香Q麻糬串在竹籤上，這就是好吃的黍糰子(きびだんご)。あづま的黍糰子走小巧路線，沾上大量的黃豆粉，讓人一口咬下不但嚐到糰子的香甜，更能吃到日式黃豆粉的香濃。

三鳩堂

🏠台東區淺草1-37-1
🕐9:00~19:00

淺草最受歡迎的特產就是人形燒，和台灣街頭常見的雞蛋糕有點相似，但是口感更為細緻實在，內餡多會加入紅豆沙或仍保留著紅豆粒的甜餡，三鳩堂就是其中一家人形燒專賣店，適合送禮的人形燒可以放上一個月，頗受歡迎。

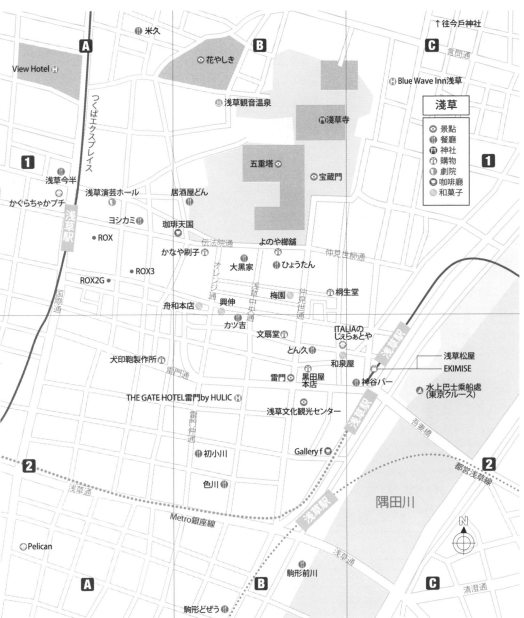

↑往今戸神社

A **B** **C** 言問通

🍴 米久

View Hotel 🅷

◎ 花やしき

🅷 Blue Wave Inn浅草

つくばエクスプレス

🌀 浅草観音温泉

浅草

🈂 浅草寺

◎ 景點
🍴 餐廳
⛩ 神社
🛍 購物
🎭 劇院
☕ 咖啡廳
🔵 和菓子

1

五重塔 ◎

🈂 浅草寺

1

浅草今半

🈂 宝蔵門

浅草駅

浅草演芸ホール

居酒屋どん

かぐらちゃかプチ

ヨシカミ 🍴

珈琲天国 ☕

• ROX

伝法院通

よのや櫛舗

仲見世柳通

国際通

ROX2G •

• ROX3

かなや刷子

オレンジ通

大黒家

🍴 ひょうたん

浅草中央通

梅園

仲見世通

🛍 桐生堂

舟和本店

興伸

カツ吉

文扇堂 🍴

ITALIAの
じぇらぁとや

浅草駅

犬印鞄製作所 🛍

とん久 🍴

和泉屋

浅草松屋
EKIMISE

雷門通

雷門

黒田屋
本店

🛍 神谷バー

🚢 水上巴士乗船處
(東京クルーズ)

THE GATE HOTEL雷門 by HULIC 🅷

浅草文化観光センター

吾妻橋

雷門仲通

🍴 初小川

Gallery f 🛍

2 都営浅草線 **2**

色川 🍴

浅草通

隅田川

Metro銀座線

浅草駅

浅草通

N

◎Pelican

🍴 駒形前川

A **B** **C** 清澄通

駒形どぜう 🍴

浅草寺

除了好吃好玩的仲見世通與淺草寺之外，周邊也是很精彩，有時間一定要逛逛

水上巴士

在吾妻橋畔可搭乘水上巴士經由貫穿東京的隅田川前往濱離宮、日之出棧橋和台場、豐洲等地，可體驗從水道來欣賞東京風光
→詳細資訊見P.16

 MAP P.36 B2 浅草文化観光センター

如何前往

位在雷門斜對角，步行1分

info

☎03-3842-5566 　台東區雷門2-18-9

🕐9:00~20:00，8F咖啡廳10:00~20:00

在淺草雷門對面建起的和風摩登大樓，是由名設計師隈研吾操刀，以淺草觀光發信地為任的一處新名所，在B1有洗手間供遊客使用，1樓設有多國語言的觀光資訊中心，也能換錢與購票；2樓則提供免費的觀光情報書籍，也可以無線上網，十分方便旅人查詢資料。

位在頂樓的展望台可以遠眺隅田川與晴空塔的美景，一旁還有咖啡廳，可以坐下來歇歇腿。

園內共有20多種遊樂器具，是許多情侶約會地點，也是適合全家大小一同玩樂的遊樂園。

MAP P.36 B1 花やしき

如何前往

地下鐵淺草駅徒步9分；筑波特快淺草駅徒步2分

info

☎03-3842-8780 　台東區淺草2-28-1

🕐10:00~18:00(依季節、氣候而異)

💰入園大人￥1000，5歲~小學生、65歲以上￥500。搭乘遊樂器材需另購買乘坐券(のりもの券) 🌐www.hanayashiki.net

從淺草寺的參拜本堂可以看到不遠處有個像是遊樂園的地方，就是1853年開業的花やしき，這裡可是日本歷史最悠久的遊樂園。其象徵性的地標是可以眺望淺草全區的Bee Tower也曾多次出現在日劇中。

浅草演芸ホール

MAP P.36 A1

如何前往

地下鐵淺草駅徒步6分；筑波特快淺草駅徒步2分

info

☎03-3841-6545 ♨台東區淺草1-43-12 ⏰11:00~21:00 ⑤大人￥3000、學生￥2500、4歲以上小孩￥1500 🌐www.asakusaengei.com

昔日淺草風光時候有許多表演場所，現在這裡是唯一存留的劇場，平常上映各種日本傳統的落語、漫才、模仿或魔術秀，人氣十足的搞笑秀，有時也可以當成電影院，雖然語言不同，但許多搞笑劇碼可是不懂日文也會讓人開心的呢！

經過整修後，東武淺草駅保留了1931年開幕時新文藝復興建築的樣貌。

Ekimise

MAP P.36 C2

如何前往

地下鐵淺草駅徒步2分

info

☎03-6802-8633 ♨台東區花川戶1-4-1，東武淺草駅裡 ⏰購物10:00~20:00；餐飲11:00~22:00(部分店舖不一) 🌐www.ekimise.jp

位在淺草吾妻橋旁，距離東京晴空塔十分近的Ekimise，是寫成漢字即為「駅見世」，與淺草寺的參道「仲見世」異曲同工，便是希望能與地方連結帶來人潮。除了B1~3樓有從開幕時期便一直營業至今的松屋百貨淺草店，在4~7樓的Ekimise裡有52家新進駐的店舖。

本殿前方有著一對石製的貓雕像「石撫貓」，據說只要摸摸他們的頭，並將其拍照下來當作手機的待機畫面，便可以讓願望實現！

今戶神社

MAP P.36 C1

如何前往

從銀座線淺草駅徒步約20分

info

♨台東區今戶1-5-22 ⏰9:00~16:00

姻緣要拜月老、求財運要拜財神爺，那麼如果貪心一點兩種都想要呢？位於淺草的今戶神社真的能夠讓兩個願望一次滿足。這裡供奉著應神天皇、伊奘諾尊和伊奘冉尊，傳說中伊奘諾尊和伊奘冉尊是最早結為夫妻的神明，因此人們將其供奉為締結良緣及求好姻緣的象徵，是日本女性們趨之若鶩的求桃花景點。

招財貓的由來

這裡是特產今戶燒的所在，傳說中一位貧窮的老太太因為不敵生活的困苦，只好忍痛放走豢養已久的小貓。然而當晚卻夢到了小貓托夢，並說：「把我做成娃娃的話，就會有好事發生。」沒想到，老太太照著夢中的指示將貓咪的樣子做成了娃娃，果真廣受世人的喜愛而脫離了貧困。據說第一隻貓娃娃便是以今戶燒陶之手法而製作，這也是招財貓的由來。

淺草寺：延伸景點

女性大人氣！累了想找個地方坐坐，就來氣氛獨特的甜點咖啡廳，感受下町人文情緒～

珈琲天国
咖啡廳

鬆餅+飲料（ホットケーキセット）¥1200 推薦菜

🏠 台東區淺草1-41-9

天國在淺草古老的日式氛圍之中，也透露出地方老咖啡廳的氣息，在老街遊逛之後，推薦可以來這裡休息、喝杯咖啡，再點上這裡最出名的鬆餅享用。厚厚的鬆餅上烙上小小的「天國」兩個字，再放上一塊奶油，讓剛出爐的鬆餅熱度將其微微融化，一口吃下，讓人感受到店主人的用心，也品嚐出他對鬆餅的堅持。

📍P.36B1 🚇地下鐵淺草駅徒步5分；筑波特快淺草駅徒步2分 ☎03-5828-0591 🕐12:00~18:30 休週二

かぐらちゃかプチ
抹茶甜點店

かぐらちゃかプチ 抹茶聖代 ¥850 推薦菜

🏠 台東區西 草 2-27-11

以「抹茶」為中心的和風甜點店，標榜每天提供的抹茶，都是當天早上現磨，所以可以讓上門顧客品味到「世界第一新鮮的抹茶」。用料講究，從喝的到吃的滿滿抹茶，更厲害的是，這裡還提供「聖代客製化服務」，讓你從抹茶蕨餅、抹茶布丁、冰淇淋和白玉等21種配料中挑選5樣，自由組合，打造世上獨一無二，專屬於你個人的聖代。

📍P.36A1 🚇筑波特快淺草駅1出口出站即達 ☎03-6231-7490 🕐週一12:00~17:00，週三~六12:00~22:00，週日12:00~18:00 休週二

gallery ef
老房子咖啡廳

🏠 台東區雷門2-19-18

gallery ef 烤吐司（トースト）¥550 咖啡¥650 推薦菜

由150年古老倉庫改建而成的gallery ef，長形的空間白天為咖啡廳，到了晚上則搖身一變成為酒吧。在江戶時代就留下來的牆柱之間靜靜品嚐店主人的手藝，外頭的喧囂彷若昨日，氣氛十分寧靜。而店裡有一處不定期會舉行音樂發表、展覽會等藝文活動的空間，海內外許多藝文活動都在這裡舉行。

📍P.36B2 🚇地下鐵淺草駅徒步1分 ☎03-3841-0442 🕐11:00~17:00，午餐12:00~14:00，酒吧時段週三、五、六18:00~凌晨0:30 休週一、二 ❗店內有貓咪

www.gallery-ef.com

老店連發，吃在嘴裡的不只是美味，還是江戶的飲食歷史

淺草今半

壽喜燒

壽喜燒
午間套餐
¥4400
推薦菜

🏠 台東區西淺草3-1-12

位於國際通上的今半本店，創業於明治28年(1895)，恪守著老舖驕傲，代代守護老江戶的味覺本色，一道牛鍋跨越一世紀，靠的就是對牛肉品質的究極堅持。外觀看來十足現代化，但其實內部是傳統雅致的日本家屋，座位都是榻榻米，使用的肉品是高級日本牛肉，柔嫩的最佳狀態時裹上蛋黃入口，就是美味。

📍P.36A1 🚇地下鐵淺草駅徒步10分；筑波特快淺草駅徒步1分 ☎03-3841-1114 ⏰11:30~21:30(L.O.20:30) 🔗www.asakusaimahan.co.jp

百年牛丼
若是中午時段到訪，還能以實惠的價格品嚐一日限定20份的百年牛丼(¥1870)，親自嚐嚐畑煮老店製作所製作的牛肉的優雅柔順好味道。

神谷バー

洋食酒吧

🏠 台東區淺草1-1-1

創業於1880年的神谷酒吧，在淺草區域是有如地標重要的存在，是淺草地區庶民社交生活空間，其琥珀色的酒電氣白蘭地現在已經成為淺草的名產。曾受到許多文人愛戴、充滿懷舊風情的洋食料理，也仍是許多老東京最念念難忘的下町滋味。

📍P.36C2 🚇地下鐵淺草駅徒步 1分 ☎03-3841-5400 ⏰11:00~21:00 🈹每月第一個週一 🔗www.kamiya-bar.com

電氣白蘭地
(デンキブラン)
¥400
推薦菜

天丼
¥1700起

推薦菜

大黑家

天丼

🏠 台東區淺草1-38-10

大黑家天婦羅是淺草名店，創業於明治20年(1887)，從本店兩層樓古樸的和式建築外觀，不難感受出它的歷史。招牌是海老天丼，蝦子又大又新鮮，用精純芳香的胡麻油酥炸盛在飯上後，再淋上特製獨門醬汁，那股香濃的美味勁兒讓人齒頰留香。

📍P.36B1 　🚇地下鐵淺草駅徒步5分 　☎03-3844-1111 　11:10~20:30，週六例假日~21:00 　🌐www.tempura.co.jp

駒形どぜう

日式料理

駒形どぜう
泥鰍鍋
（どぜうなべ）
¥2100

推薦菜

🏠 台東區駒形1-7-12

駒形どぜう創立於1801年，在歌舞伎和川端康成小説中也曾出現。從創業以來不變的料理手法，將新鮮活泥鰍放進酒桶，再將醉暈的泥鰍放到味噌湯中，用備長炭慢火細煮，加入蔥花、灑上點山椒粉，江戶風的特殊料理就完成。除了泥鰍鍋之外，柳川鍋也是店內人氣不墜的一道美食。

📍P.36B2 　🚇地下鐵淺草駅徒步3分 　☎03-3842-4001 　11:00~20:30 　❌12/31~1/1 　🌐www.dozeu.com

駒形前川

鰻魚飯

駒形前川
鰻魚飯
¥5300

推薦菜

🏠 台東區駒形2-1-29

前川在百年前就曾受文人喜愛，現在也還驕傲地保留著店主親掌廚房的傳統，鰻魚飯在有著店名的黑色漆盒中恭恭敬敬地被端了上來，配上幾樣自家漬物，湯品則是鰻肝的清湯。從大窗望出，以青綠色的駒形橋為前景、搭配著後方晴空塔的獨特角度；令人安穩的空間質地完美展現。

📍P.36B2 　🚇地下鐵淺草駅徒步 3分 　☎03-3841-6314 　🕐11:30~21:00(L.O.20:30) 　🌐www.unagi-maekawa.com

串·聯·行·程 合羽橋商店街

喜歡日本的廚具雜貨嗎？但到雜貨屋又一直覺得太貴買不下手嗎？離淺草很近的合羽橋道具街，專賣和洋餐具、食器、鍋碗瓢盆，雖然整體環境不如雜貨屋可愛，但仔細挑選就會發現其實每一家店都有自己的特色，重點是單價都比外頭商店便宜2~3成，推薦熱愛下廚的你一定要來逛逛！

◎從雷門一帶沿著雷門通向西走，約10分即達合羽橋商店街
◎搭乘東京地下鐵銀座線，至田原町駅3出口，往西徒步3分即達

合羽橋歷史

合羽橋的日文發音Kapa與河童的發音一樣，理所當然河童就變成這裡的吉祥物。傳說中合羽橋地名的由來，便是200年前的文化年間，有個叫合羽屋喜八的善人不忍此處只要一下雨便淹水，於是出錢挖掘溝渠疏水，但工程一直不甚順利，附近隅田川的河童們感念他的善心而夜夜現身幫忙。那時流傳著見到河童便會金運大開，於是河童像便成了好的象徵了。

河羽橋

View Hotel (H)

つくばエクスプレス

河童「河太郎」像　🍴飯田

釜浅商店

浅草今半 🍴

浅草駅

合羽橋道具街

🍴食品サンプル東京美研

Kitchen world TDI

国際通

蛇骨湯

🛍Dr. Goods

🛍新實洋食器店

🛍和の器 田窯

←往上野

田原町駅

N

◎景點　🍴餐廳　🛍購物
☕咖啡廳　🍡和菓子　♨溫泉

○ Pelican

 釜浅商店

info
☎03-3841-9355 ◎台東區松が谷2-24-1 ⊙
10:00~17:30 ⑤南部鐵器￥5800起 ⊕www.
kama-asa.co.jp/

 Kitchen world TDI

info
☎03-5827-3355 ◎台東區松が谷1-9-12 ⊙
10:00~18:00 ⑤DANSK琺瑯牛奶鍋小￥2570，
WestMark壓蒜器￥2800 ⊕www.kwtdi.com

釜浅商店的前身為專金刀刃的「熊澤鑄物店」，目前第四代主人繼承先祖對食器用具的堅持，以提供真正的好用具給客戶為己任，店內的鍋碗瓢盆都是經過篩選的上品，南部鐵器、鐵鍋、耐火的烤網、手工製銅鍋、平底鍋等，每一樣都能看見和風之美。

在合羽橋道具街中各間店舖大多有其專門的商品，例如專賣木器的、專賣鐵壺的，而Kitchen world TDI則是引進世界各地的知名品

牌，像是來自泰國的木碗、法國的鐵鍋、北歐的DANSK琺瑯鍋、義大利的bialetti摩卡壺，日本的野田琺瑯等，每一樣都更加注重料理用品的品質與設計感。

 Dr. Goods

info
☎03-3847-9002 ◎台東區西淺草1-4-8 ⊙
10:00~18:00 ㈥週日、例假日 ⑤CHASSEUR鍋
10cm￥8400，柳宗理水壺￥6615 ⊕www.
dr-goods.com

搜羅日本各大品牌的Dr. Goods可說是廚房雜貨的寶山，店內擺設整齊不雜亂，每樣商品井然有序看來特別好用，特別的是，在Dr. Goods網站上還能看到最近入庫的新貨與數量，出發購物前先上網查看才不會撲空哦！

東京不只吃東西買東西，
就來東博感受日本藝術與文化的脈絡吧！

灰白水泥外牆，頂上日式黑瓦，充滿東洋風格的西式建築被稱為「帝冠樣式」，由銀座和光、原美術館的設計師渡辺仁所設計。

東京國立博物館

東京國立博物館

MAP
P.48
B2

とうはく／Tokyo National Museum

　擁有本館、東洋館、表慶館、平成館與法隆寺寶物館等5個分館的東京國立博物館是上野公園內占地最大，同時也是日本歷史最悠久的博物館，創建於明治5年(1872)。初夏時期造訪，四周樹木青綠包圍，蟬鳴聲隆隆，水池那頭的古老建築隱隱訴說著日本的建築近代史的，正是1938年開館的本館。不只收藏日本的古老文物，更以日本為中心收藏東亞諸地的文化財，並身負調查研究與教育之責，不只保存文化，更以「公開」的展示為目的，讓一般大眾都能親近歷史美術作品。除了館藏常設展和國寶輪替展出外，不定期的特別展及合作企劃展也常吸引人潮。

造訪東京國立博物館理由
1 東京博物館**最高殿堂**
2 上野**藝旅之旅**
3 東亞**國寶藝術品收藏**

☎03-5777-8600
◎台東區上野公園13-9
◷9:30~17:00(入館~16:30)
◑週一(遇假日順延)、年末年始
◉常設展大人￥1000，大學生￥500；特別展另計
🌐www.tnm.jp

至少預留時間
大概逛逛
1.5小時
熱愛歷史文物者
就算看一整天也看不完吧！

JR山手線、京濱東北線、上野東京線、常磐線、東北本線、高崎線【上野駅】
東北新幹線、上越新幹線、北陸新幹線【新幹線上野駅】
東京Metro日比谷線、銀座線【上野駅】
京成電鐵京成本線【京成上野駅】

東京國立博物館小檔案

前身：文部省博物館、帝室博物館
設計者：本館 - 渡辺仁
　　　　東洋館 - 谷口吉郎
　　　　表慶館 - 片山東熊
　　　　法隆寺寶物館 - 谷口吉
　　　　生 (谷口吉郎之子)
　　　　黑田記念館 - 岡田信一郎
館藏：120,073件 ※2022年4月資料
開館：1872年3月

這幾天可以免費入館！
在國際博物館日(5/18)、敬老日(9月第三個週一)這兩天，博物館的常設展(綜合文化展)開放民眾免費入場。若是平常的開館日，未滿18歲，與70歲以上的老人，也能出示証明文件免費參觀常設展。

東京國立博物館本館入著有著挑高設計，著名的大階段由全大理石建造，有許多CM、日劇都曾在此取景。

Do You Know

滿滿是國寶～

東京博物館內收藏的文物共約有12萬件，其中國寶89件，重要文化財648件，不管是古文物的質與量，可都是日本境內博物館中首屈一指的珍品！
※此為2022年4月的資訊

什麼是國寶？重要文化財？

日本在1950年制定文化財保護法，將具有日本歷史義意、藝術價值高的少見建築、古文物、考古資料等「有形」的東西，稱為「重要文化財」。而其中，更能彰顯日本的文化價值，極為少見的重要物，則是「國寶」。

日式庭園

位在本館北側，每年只在春秋才開放的庭園，林木之間隱藏著5間茶室與五重塔等建築，日式風情滿溢。春季輕撒櫻花雨，秋季紅葉蓋天，漫步園間感受城市少有的風花雪月，感受不同情緒。

屋外展示

除了五大展館之外，屋外展示也有許多可看之處。像是鳥取大名池田家宅邸的正門「黑門」、裝飾於黑門上的「鬼瓦」、發明牛痘疫苗的愛德華‧詹納的雕像等，一邊散步一邊找到新發現。

特別展

除了常設展外，每年依主題推出各種歷史文物特別展，主題明確，像是秦始皇與兵馬俑展、鳥獸戲畫展、泰國文物展、法國人間國寶展等，不只局限在日本，更是以開闊的心胸放眼世界。

館內導覽

館方每個月會不定時推出導覽行程(日文／英文)，由志工帶領，一同步入歷史文化的脈絡之中。若是懂日文的人不妨上官網查詢時刻、參加。有些導覽行程有限定名額，事先查好索取整理券的時間比較保險。

五大展館、境內設施，12萬件亞洲美術展示品，讓人大飽眼福。

1 黑田記念館

黑田記念館位在東京國立博物館的境外，只隔一條馬路，是紀念被譽為日本近代美術之父「黑田清輝」的美術館。館內展示其多幅作品，每年在特別室中，限時展出黑田清輝的代表作品，十分有看頭。

舞妓／明治時代(1893年)／重要文化財

3 平成館

因皇太子德仁親王大婚時而開放的平成館，1樓是考古資料展示，另外也有企畫展示室、大講堂等設施。2至4樓作為特別展示館，只在特別的時候開放。

日本第一個博物館

1872年時，在湯島聖堂舉博的博覽會中，日本文部省博物局在此開設博覽會場，當時入場人數多達15萬人，是日本博物館展覽的起源。後來轉至內山下町，直至1882年時才移至上野公園中。

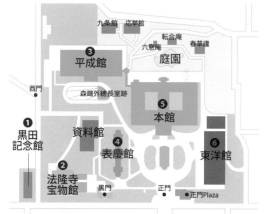

（地圖設施標示）
- 九条館
- 応挙館
- 転合庵
- 六窓庵
- 春草廬
- ❸ 平成館
- 庭園
- 西門
- 森鷗外總長室跡
- ❶ 黑田記念館
- 資料館
- ❺ 本館
- ❷ 法隆寺宝物館
- ❹ 表慶館
- ❻ 東洋館
- 黑門
- 正門
- 正門Plaza

2 法隆寺寶物館

1964年開館的法隆寺寶物館，於1997年重新改建開館，由谷口吉生所規劃設計，透過水平／直線與透明／不透明的交錯運用，傳達出當館收藏內斂、寧靜且充滿靈性的本質，內部展示空間的黑暗，也突顯藝術品的本身的歷史氣氛。

法隆寺獻納寶物
館內收藏明治初期，古都奈良的法隆寺獻給日本皇室的文物。

菩薩半跏像／飛鳥時代／重要文化財

4 表慶館

位在本館左側的表慶館是明治末期的洋風代表建築，巨大穹頂營造出歐式宮殿風格，門前的一對石獅子右邊張口，左邊閉口的樣子也融合日本的傳統的「阿吽」，小細節中不難窺見明治時期和洋融合的樣貌。

東京國立博物館：必看重點

5 本館

以日本文化精髓為基調建成的洋式大屋，出自設計師渡辺仁之手。館內收藏品以藝術和考古文物為主要對象，更多的是日本美術，可以展示了解日本的藝術甚至是文化脈絡。

武具

收藏日本平安時代至江戶時代的武刀、鎧甲等，其中不少名家鑄造的太刀與華麗的刀鞘。

太刀 銘備前国長船住景光／鎌倉時代／國寶

考古

東博所收藏的考古文物包含土器、石器、木器、玻璃、祭祀用金屬等，並不只有日本出土文物，其中也有來自中國、韓國的文物。

埴輪挂甲武人／古墳時代／群馬縣太田市飯塚町出土／國寶

銅鐸／弥生時代／伝香川縣出土／國寶

彫刻

亞洲諸國皆以佛教立國，東博收藏日本各時代的佛教雕刻，當然也不少韓國、甚至還有中亞的貴霜帝國(大月氏)等的文物，十分珍貴。

伝源頼朝坐像／鎌倉時代／重要文化財

孔雀明王像／平安時代／國寶

愛染明王坐像／鎌倉時代／重要文化財

鳥獸人物戲畫卷斷／平安時代／重要文化財

繪畫

繪畫部分包羅萬象，日本的佛畫、大和畫、屏風、掛軸、浮世繪版畫、近代繪畫等種類眾多，也可見中國唐宋元明清各時期的繪畫書法，清朝畫家鄭燮的作品也被收藏其中。

6 東洋館

網羅亞洲美術作品，內容包含中國、韓國、印度、東南亞，甚至西亞的佛像雕刻、繪畫、瓷器、金屬工具等，種類豐富，展示品每年會固定更換，不同季節前來都會有全新感受。

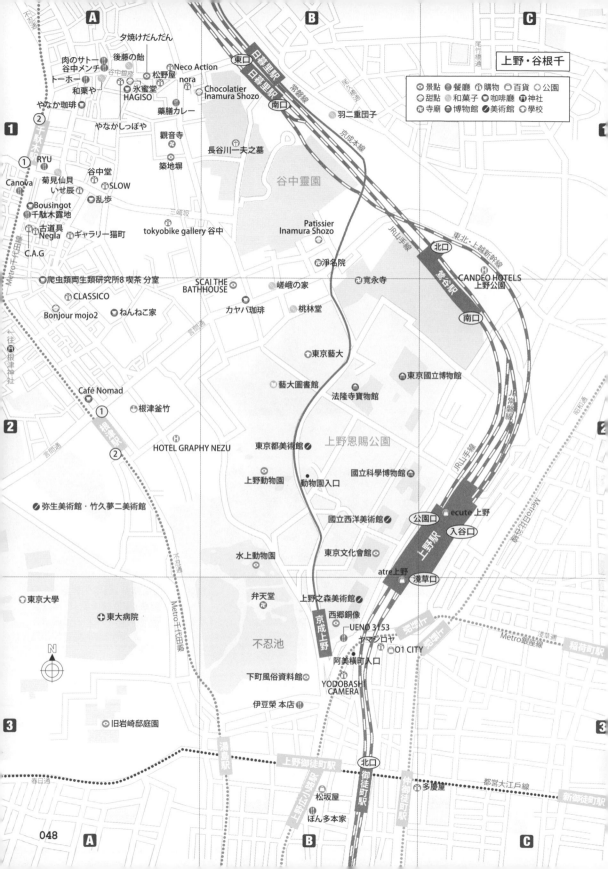

延伸景點

上野公園綠意滿點，境內大小博物館、咖啡、動物園錯落，悠閒的城市公園散步就在這裡！

 **上野恩賜公園** MAP P.48 B2

如何前往

上野駅出站即達

info

📞03-3828-5644 　🏠台東區上野公園 　🕐5:00~23:00

上野恩賜公園是東京都內最大的公園，境內有廣大的公園綠地、不忍池，還有上野動物園、美術館和博物館各種藝文設施，甚至還有幾處頗具歷史的神社小堂。公園內四季皆美，從2月上旬的寒櫻開始，緊接著大寒櫻、寒緋櫻、枝垂櫻到染井吉野櫻，而夏日的荷花、秋季紅葉和冬天庭園內少見的冬牡丹等，都讓公園更添風情。

株，混合著其它品種不同的櫻花，上野的賞櫻期竟長達近兩個月。

以染井吉野櫻為主的櫻樹多達1200

國立科學博物館 MAP P.48 B2

如何前往

上野駅徒步5分

info

📞03-5777-8600 　🏠台東區上野公園7-20 　🕐9:00~17:00，週五、週六~20:00 　❌週一(遇假日順延)，12/28~1/1 　💰大人¥630，高中生以下免費 　🌐www.kahaku.go.jp

國立科學博物館是日本唯一的綜合性科學博物館，歷史悠久。館內主要分為日本館和地球館兩部分，從化石、地質、標本等等眾多的自然科學收藏，詳細描述了日本的自然史和地球環境的長期變化，最受小朋友歡迎的當然是恐龍化石和各種隕石的收藏區。

 東京都美術館 MAP P.48 B2

如何前往

上野駅徒步7分

info

📞03-3823-6921 　🏠台東區上野公園8-36 　🕐9:30~17:30，特別展期間的週五~20:00(入館~閉館前30分) 　❌每月第1、第3個週一(遇假日順延)，特別展、企劃展期間每週一休(遇假日順延)，年末年始 　💰依展覽而異 　🌐www.tobikan.jp

大正15年(1926)建設完成的東京都美術

館，當初是為了展出明治以後的日本畫與西洋畫作，尤其是作為日展等大型官方公募展的展出場所而成立。東京都現代美術館和國立新美術館的成立，各自分擔了東京都美術館在現代收藏和公募展出上的功能，提供人們新的藝文空間。

東京國立博物館：延伸景點

上野動物園

MAP P.48 B2

如何前往
上野駅徒步5分

info
☎03-3828-5171
🏠台東區上野公園9-83
🕐9:30~17:00(入園~16:00)
🈺週一(遇假日順延)、12/29~1/1
💰大人￥600，國中生￥200，65歲以上￥300，小學以下免費；3/20、5/4、10/1免費

🌐www.tokyo-zoo.net/zoo/ueno

1882年開園的上野動物園，是日本歷史最悠久的動物園，到目前為止，仍是日本參觀人數最多的動物園，也是上野最知名的景點之一。園裡有大象、北極熊、大猩猩等約500種動物，其中包括馬達加斯加指猿、馬島獴、小鼷鹿等都是日本唯一有飼養的動物園。

公園裡最受注目的嬌客就是1972年起飼育的貓熊，可愛的貓熊也已成為上野的象徵了。

上野之森美術館

MAP P.48 B3

如何前往
上野駅徒步5分

info
☎03-3833-4191 🏠台東區上野公園1-2
🕐10:00~17:00(入館~閉館前30分，時間依展覽內容而異) 🌐www.ueno-mori.org

1972年春天開館的上野之森美術館是日本成立時間最長的「財團法人日本美術協會」所擁有的私立美術館，上2樓則有開闊的展示空間映入眼簾。

國立西洋美術館

MAP P.48 B2

如何前往
上野駅徒步8分

info
☎03-5777-8600 🏠台東區上野公園7-7 ◯
9:30~17:30、週五~20:00 🈺週一(遇假日順延)、12/28~1/1、不定休 💰常設展大人￥500、大學生￥250，每月第2、4個週六及文化之日(11/3)常設展免費 🌐www.nmwa.go.jp

國立西洋美術館的成立，最初是為了收藏日本大企業家川崎造船的社長松方幸次郎的300餘件收藏品。由1959年開館至今，館藏已成長為4500餘件，是日本唯一以西洋美術為收藏主題的國立美術館，美術館的關注以中世末期到20世紀的美術作品為主，其中又以法國藝術家作品最多。

美術館外立有許多雕像，這可是著名法國雕刻大師羅丹的作品。其中地獄門最為人所津津樂道，坐在門口的沉思者似乎正人類生存的意義。思索著生命的難題與

美術館賽事
除了各種國內外的企畫展和小型展覽外，這裡每年還會舉行「上野之森美術館大賞」和「VOCA賞」等的甄選，比賽本身極具公信力，是年輕藝術家踏上舞台的重要跳板；從歷年得獎者的作品展，也能窺見近代日本藝術的脈動。

美術館1樓的café MORI一隅的長桌上，也可見許多美術相關商品，每一樣都兼具實用與創意。

用餐選擇

上野周邊人氣名店，用味蕾從雞肉、鰻魚、炸豬排，認識最地道的日本滋味。

伊豆榮
鰻魚飯

伊豆榮
鰻魚丼
(うな丼)
¥2700起
推薦菜

🏠 台東區上野2-12-22

伊豆榮是一家鰻魚料理的老舖，創業於江戶時代中期，至今約有260年的歷史。這裡的蒲燒鰻魚是採用和歌山的備長炭溫火燒烤，搭配小菜、湯品、生魚片等。另外還有提供鰻魚的傳統江戶料理柳川鍋，同樣十分夠味。

📍P.48B3 🚃JR上野駅徒步5分，JR御徒町駅徒步5分 ☎03-3831-0954 🕐11:00~21:00(L.O.20:30) 🌐www.izuei.co.jp

炸豬排餐
(カツレツ)
¥3080
推薦菜

ぽん多本家
炸豬排

🏠 台東區上野3-23-3

於明治38年創業的ぽん多本家是第一家將豬肉用天婦羅低溫方式油炸的元祖，現在的老闆是第四代島田良彥。建議豬排上桌後，先不要沾醬，品嚐看看豬肉鮮嫩無比的原味之後再佐醬食用，纖細優雅的口感，讓人對於炸豬排刮目相看。

📍P.48B3 🚃地下鐵上野広小路駅徒步1分，JR御徒町駅徒步2分 ☎03-3831-2351 🕐11:00~14:00，16:30~20:00 🚫週一

阿美横丁

在上野公園另一側，走進熱鬧非凡的阿美橫丁商店街，則被店家的吆喝聲團團包圍，人手一袋新鮮小吃、乾果，交織出元氣十足的東京面貌。逛累了，鐵道下的一家家平價老店小攤，可以品嚐最道地的東京庶民風味。

地圖

阿美橫丁　N

不忍口　atre上野　淺草口

西郷銅像　ヤマシロヤ　上野駅

京坂上野駅

正面口

迴る元祖壽司　松ずみ

百果園上野2號店　珍珍軒　01CITY

志村商店

ニューフルーツ

下町風俗資料館　百果園　やきとり文楽　大統領

きぬや

Hinoya Plusmart　かのや

伊豆榮本店　Garakuta Boek

舶來堂　丸谷

Hinoya Plusmart　センチュリー

中田商店

Coffeeビタール　Powwow　德大寺

みなとや

上野御徒町駅

上野広小路駅　御徒町駅

松坂屋

仲御徒町駅

多慶屋

ぼん多本家

◎景點　⑪餐廳　⑪購物　◎百貨　⑪飯店　⑪博物館

大統領

☎03-3832-5622　⌂台東區上野6-10-14

◔10:00~24:00　⑤モツ煮込み（內臟燉煮）¥420

從昭和25年（1950）開業以來，大統領的店內氣氛和料理口味似乎從未改變過，也是高架橋下極有人氣的小攤之一。店裡的菜單是典型的居酒屋菜單，各種串燒、泡菜、小料理配上日本酒、威士忌或啤酒，招牌的則是創業以來的老菜單——馬腸內臟燉煮。

やきとり文楽

☎03-3832-0319

⌂台東區上野6-12-1 JR高架下　◔14:00~23:00、週六12:00~22:00、週日11:00~20:00　休日本新年　⑤烤雞串¥330/2支、生啤酒¥480

上野的高架橋下有多家平民美食可選，やきとり文樂賣的就是最大眾化的烤雞肉串，便宜的價格加上無敵的燒烤香氣，總吸引許多上班族一下班就來報到，路邊攤的屋台形式，更是讓所有人都很容易融入飲酒歡樂的氣氛中，和鄰座的顧客很快就打成一片。

Garakuta Boeki

☎03-3833-7537 ⌂台東區上野6-9-21 ◷
11:00~20:00 ㉕1月1日 ⊕www.garakuta-boeki.com

位在阿美橫丁巷弄中的Garakuta Boeki是一家頗為獨特的雜貨店，商品包括服裝、文具和居家生活用品，每一件都可愛又繽紛，除了進口自各地的有趣小物，也有自家設計的商品，目前最熱門的托特包、可以觸控的I touch手套和彩色的背包等，都讓人愛不釋手。

志村商店

☎03-3831-2454 ⌂台東區上野6-11-3 ◷
10:00~18:00 ⓢ零食組合￥1000均一 ⊕
ameyoko.la.coocan.jp

到了上野阿美橫丁，還沒走近就可以聽到志村商店熱鬧的吆喝聲，也成了媒體爭相報導的上野聲音風景。隨著招呼聲，老板還會不斷在已滿的袋子裡塞入各種糖果，讓所有人感到滿意。

舶來堂

☎03-3833-2233 ⌂台東區上野6-9-5 ◷
11:30~18:20 ⊕www.hakuraido.com

可別看舶來堂不甚起眼的小小店舖，它可是從昭和20年的二次大戰之後就開業至今的元老級店家呢！舶來堂一開始賣些小物雜貨，從1965年開始成為各種皮件的專賣店。店裡款式豐富多樣的皮衣、皮靴，均進口自英國或美國的品牌，還各自擁有機車騎士、搖滾和軍用等不同的傳襲風格，相當有趣。

百果園 上野2號店

☎03-3831-0518
⌂台東區上野6-11-4
◷11:00~19:00 ㉕週二 ⓢ草莓串￥200

在阿美橫丁有兩家店的百果園算是必看的招牌名店，店如其名，賣的當然就是種類豐富的新鮮水果，除了看起來垂涎欲滴各種高級水果之外，最有名的是一串串的水果棒，鳳梨、草莓、甚至是高級的日本品種哈密瓜通通都用竹籤串起。

Powwow

☎03-3839-8020
⌂台東區上野6-4-16 ◷
12:00~19:00 ⊕www.powwow-japan.com

2002年在阿美橫丁開幕的Powwow是印地安飾品專賣店，店名指的是「以物易物場所」，可以找到許多美國印地安原住民如納瓦荷族、霍皮族和祖尼族所製作的飾品，使用銀、土耳其玉石等原石製作而成的手鐲、戒指等，有著獨特豪邁的藝術氣質，另外也有西部的牛仔帽等同樣來自美國西南部的商品販售。

串·聯·行·程 谷中·根津·千駄木

被東京人暱稱「谷根千」的谷中·根津·千駄木地區，保留了江戶後期的古樸風情，悠閒和緩的慢板步調在這兒飄蕩。這裡少了一般對東京印象的燈紅酒綠、喧鬧人潮，只有安靜的街巷、古老的木造建築，以及夕陽餘暉中閃爍著光芒的長長坂道。

◎從東京國立博物館正門，朝東京藝術大學方向走，約5分即達谷根千範圍
◎搭乘東京地下鐵千代田線根津駅、千駄木駅出站即是谷根千範圍
◎JR日暮里駅西口出站沿著七面坂，走夕燒けだんだん(落日階梯)即達谷中銀座商店街

東京國立博物館：串聯行程

氷蜜堂

info

📍P.48A1 ☎03-3824-4132 ⏰台東區谷中3-11-18 ⌚8:00~18:00 🚫週一週二 🍴ひみつのいちごみるく(招牌草莓牛奶冰)￥1300 🌐himitsudo.com

　一到夏季必定有的刨冰風潮，提供各式刨冰的小舖也紛紛成立，其中最受到注目的谷中ひみつ堂門前總是有長長人龍，想吃上一碗，光是排隊等候的時間就要1~5小時！店內Menu分為夏季與冬季兩種，夏天只提供刨冰，但冬天除了刨冰外也提供自家製焗烤料理，能讓身體暖呼呼。

桃林堂上野店

info

📍P.48B2 ☎03-3828-9826 ⏰台東區上野櫻木1-5-7 ⌚9:30~17:00 🚫1月1~3日 🍴小鯛燒一枚￥290 🌐www.tourindou100.jp

　位於谷根千邊緣的桃林堂是在町家建築裡的和菓子店，空間內器物、家具甚至門窗、壁面，都可看到長久使用而累積的潤澤，令人心緒不由得沉穩下來。店內的人氣商品是鯛魚外型的小鯛燒，微香的外皮配上丹波大納言紅豆餡，滋味淡雅，不甜不膩。

谷中銀座

info
📍P.48A1 ⏰台東區谷中~西日暮里一帶 ⌚約10:00~19:00(依店舖而異) 🌐www.yanakaginza.com

　　谷中銀座是一條富有活力的古老商店街，感覺起來像台灣鄉下的廟口小街。店家建築都很小巧、毗鄰而立，除了蔬果店、麵包店、生活雜貨、便宜衣服、木屐鞋襪等民生用品的之外，還有許多很有意思的特色小店，平凡中帶有老街獨有的氛圍。

 **カヤバ珈琲**

info
📍P.48B2 📞03-3823-3545 🏠台東區谷中6-1-29 ⏰8:00~18:00，週日8:00~18:00 💻kayaba-coffee.com

位在谷中與上野堺隈之上的カヤバ珈琲，從外觀看來一棟古樸的日式兩層樓建築，彷彿將時光凝結的黃色看版，復古的手寫招牌字、屋瓦前緣的凸圓巴紋、瓦下垂木切面塗白等等小細節，讓人感到濃濃的生活感。建議可以點分復刻版的雞蛋三明治，溫熱的烤吐司夾著厚實鬆軟的炒蛋，一口咬下香嫩滑口，原來昭和的老味道當屬這一味。

 SCAI The Bathhouse

info
📍P.48B2 📞03-3821-1144 🏠台東區谷中6-1-23柏湯跡 ⏰12:00~18:00 🚫週一、週日例假日 💻www.scaithebathhouse.com

雪白的SCAI The Bathhouse前身是名為柏湯的澡堂，1993年開始，則以藝廊型態開始營運。外觀的瓦片屋頂和煙囪有著優雅的外貌，走進其中，挑高的空間給出意外寬敞感。除了欣賞新進藝術家作品，更可以在這裡感受到東京蓬勃的藝術脈動。

根津神社最令人期待的是四月至五月的杜鵑季，萬紫千紅的花朵讓人目不暇給。

 **根津神社**

info
📍P.48A2 🚶從根津駅徒步約5分 📞03-3822-0753 🏠文京區根津1-28-9 ⏰6:00~17:00，6~8月5:00~18:00 💰自由參觀，杜鵑花祭期間入園¥200 💻www.nedujinja.or.jp

根津神社為戰國時期桃山風格的建築，一旁連綿十幾公尺長的朱紅鳥居「乙女稻荷」也是代表性的景點之一。本殿和拜殿等建築群則為1706年所建，是現存江戶時代神社當中規模最完整。神社最熱鬧的時候可算是四月中旬到五月初，有3000多株的杜鵑花盛開，沿著道路綻放的火紅杜鵑很有看頭。

丸之內口的圓頂及典雅紅磚的文藝復興風格建築，
八重洲口的大樓和興南塔、北塔，
新舊交織出東京風景

東京駅

丸之內駅舍紅磚煉瓦的建築樣式充滿大正懷舊羅漫風情，出自設計日本銀行本店、國會議事堂的設計師辰野金吾之手，現在是日本國家指定重要文化財。

東京駅
とうきょうえき／Tokyo Station

MAP P.66 B2

JR中央線、山手線、京浜東北線、東海道本線、成田特快線(成田エクスプレス)、總武線、橫須賀線、京葉線【東京駅】
東海道・山陽新幹線、東北、山形・秋田・上越・北陸新幹線【新幹線東京駅】
東京地下鐵丸之內線【東京駅】

東京駅是與其他地方縣市聯繫的交通樞紐，通往各地的新幹線皆由此出發，每天來往的旅客人數就超過180萬人次，丸之內口的車站主體是文藝復興式的磚紅建築，已有百年歷史。此側是新興的商業辦公區，以2002年9月開幕的丸大樓為首，辦公區域陸續轉變為精緻的購物商圈。隨著西側的丸之內口復原開幕，東京一番街、八重州地下街等結合購物與美食的車站地下街更是重新受到注目，現在的東京駅已經不只是轉運站，更加兼具觀光性質，是讓人願意下車探訪的經典景點。

至少預留時間
丸之內駅舍參觀：30分鐘
地下街+周邊百貨購物：4小時以上

造訪東京駅理由

1 必訪東京的門面車站,百年歷史紅磚古蹟

2 串聯周邊景點,皇居、日本橋,豐富行程一天玩不完

3 車站地下迷宮城,好吃好完全部解決

東京駅丸之內駅舍小檔案

設計者:辰野金吾
材質:紅磚煉瓦
落成:1914年
修復公司:鹿島建設、清水建設、鉄建建設
照明設計:面出薫
修復開幕日期:2012年10月1日

東京駅姐妹車站

東京駅的百年風華令人神往,世界上與其同樣的古老車站,也與之締結姐妹車站,共同交流、保存、復興古老車站文化。一般最被知道的是德國的法蘭克福中央車站、紐約的大中央總站,而台灣的新竹車站也因為建築、歷史等在2015年與東京駅結為姐妹站。

怎麼玩東京駅才聰明?

進站票

東京駅的外觀與丸之內駅舍都是遊客拍照的場所,而在車站內部也有許多名店、有趣的商店與伴手禮,但如果沒有要搭JR的話便不能進入購買。這時不妨在自動售票機買張進站票(日:入場券)¥140,無法使用SUICA進站,並限2小時內要離站。

行程串聯皇居

皇居原為江戶城,扼守東京的中央位置,而東京駅就位在皇局東側。遊逛東京駅時,除了車站本體與地下精彩的商店街之外,丸之內一帶的百貨群、皇居內參觀見學等,一同串聯讓行程更加豐富。

免費巴士

從丸之內口出站,在三菱大樓或新丸大樓搭乘丸之內接駁巴士(Marunouchi Shuttle)可巡迴在丸之內地區各重要景點間,為免費巴士,約12~15分1班車。
東京駅八重洲口「鐵鋼大樓」搭乘日本橋接駁巴士(メトロリンク日本橋),可巡迴東京駅至日本橋各重要地點,為免費巴士,約10分1班車。
🔗 www.hinomaru.co.jp/metrolink/marunouchi

DO YOU KNOW

東京駅竟不是日本第一個開設的車站!

作為東京的門面,東京駅竟然不是最老的車站!日本鐵道的發祥地在新橋,目前還有個舊新橋停車場鐵道展示室訴說著這段歷史。1872年時日本第一個鐵道營運,而東京駅則是在1914年時,為了連接上野與新橋所建設的鐵道中的其中一站。

東京駅

東京駅丸之內駅舍的復原之路
來到這裡的必看重點

東京駅復興之路

東京駅於百年前由兩大設計師辰野金吾與葛西萬司共同設計，紅磚煉瓦的建物經過關東大震災、大空襲後，雖曾經毀壞於一時，但一路擔負著日本現代化的前行道標，如今盡可能地不更動一磚一瓦，致力重建原貌，將百年前的厚重歷史真實呈現世人面前。

早期規劃大不同
現在看到的東京駅丸之內口，可分為南口、中央口、北口三處，在開業當時，丸之內南口為進站口，北口則是出口。而中央口，則是天皇家族專用的玄關，雖然規模較小，卻有精細設計。

丸之內駅舍外觀

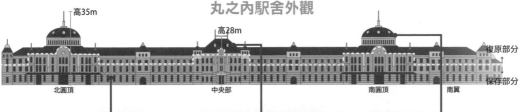

高35m　高28m

北圓頂　中央部　南圓頂　南翼

復原部分
保存部分

外牆
原為紅磚煉瓦砌成的東京駅，復原的三樓部分改由鋼筋水泥建造，為了不破壞外觀樣貌，則使用薄薄的「化粧磚」貼在外側。而2樓以下的部分，則是保存了原本的紅磚結構，再貼上化粧磚，重現百年前風華。

屋瓦
創建當時屋頂以純黑的天然粘板岩為材料，在戰爭時期全部毀壞，當時緊急以鐵皮復蓋，直至平成2年(1990)時才再以天然粘板岩鋪設屋頂。最近一次修復則是再利用這些粘板岩，特別是南北圓頂與中央建築的屋頂部分採用東北大震災的海嘯被害地石卷市雄勝產的天然粘板，其它部分則由海外產的原料補足。

圓頂
在戰爭時燒毀的圓頂是修復工程的重點。東京駅在戰火中損壞，戰後日本政府因經費不足，所以只能將原本三層樓高的車站修復至2樓的樣貌。改裝工程時發現許多破損的浮雕，細細拼湊才確認樣貌，並復原至天花板上。

Do YOU KnoW
賣天空權求復元

日本為保護古蹟景觀，設下歷史建物周圍建築限高的法令。2007年，由JR東日本主導的保存復元計劃開始，建設經費高達500億日圓，由於面臨經費不足的問題，JR東日本為了籌足經費，便將東京駅周邊約120公頃區域的天空權賣給建設公司蓋高樓，復原工事才得以順利進行。

鳳凰
站在車輪上的鳳凰，兩旁還有束起的三支箭，代表著眾人齊心協力之意。

秀吉的兜
在圓頂拱門中心部的拱心石，以豐臣秀吉「一ノ谷馬蘭後立兜」前的花樣裝飾。

老鷹
在圓頂上盤著8隻老鷹，張開翅膀寬2.1公尺，鷹爪還抓著稻禾，鷹是鳥中之王的象徵，稻禾則是民生必需，隱藏富國強兵之意。

圓頂天花板浮彫裝飾

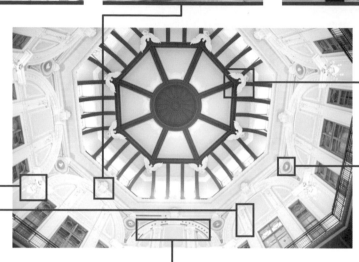

鏡與劍
鏡與劍是日本神話中的神器，巧妙地以西洋風格結合日本傳統，為東京車站的裝飾增添意義。

黑色石膏
在南口圓頂的裏側，可以在拱門上看到黑色的線條與點點，其實這是車站創建時殘留下的石膏，沾上強化劑後使用於此。在北口的圓頂可看不到。

干支

干支除了是生肖之外，也代表了方位，在南北圓頂的八個角落，復刻了八個生肖的浮彫：牛（北北東）、虎（東北東）、龍（東南東）、蛇（南南東）、羊（南南西）、猴（西南西）、狗（西北西）、豬（北北西）。

👉 **有此一說～**

為什麼只有8個生肖？

在東京駅看不到的，便是代表東方的兔、西方的雞、南方的馬與北方的鼠。圓頂的8個方位角安了8個生肖，卻在辰野金吾的故鄉，佐賀縣的武雄溫泉樓門（也是由辰野金吾設計建造）2樓的天花板四個方位找到其餘4個生肖的設計，至今仍沒有人知道為什麼他要這麼安排。

參觀重點 ②

東京車站像個大迷宮，了解1F車站、B1商店街，讓你走到哪玩到哪，不迷路好順暢！

1F車站解析

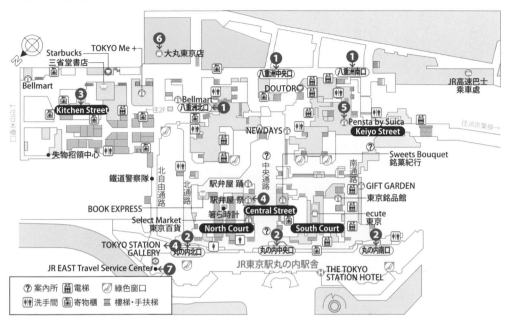

Starbucks
三省堂書店
TOKYO Me +
⑥ 大丸東京店
Bellmart
③ Kitchen Street
① Bellmart
八重洲北口 ❶
NEWDAYS
① 八重洲中央口
DOUTOR
① 八重洲南口
JR高速巴士乘車處
⑤ Pensta by Suica
Keiyo Street
往JR京葉線→
Sweets Bouquet
銘菓紀行
失物招領中心
鐵道警察隊
北自由通路
北通路
中央通路
南通路
GIFT GARDEN
東京銘品館
駅弁屋 踊
駅弁屋 祭
着ら時計
BOOK EXPRESS
Select Market
東京百貨
④ Central Street
North Court
South Court
ecute
東京
TOKYO STATION
GALLERY
❷ 丸の内北口
❷ 丸の内中央口
❷ 丸の内南口
JR EAST Travel Service Center ⑦
JR東京駅丸の内駅舎
THE TOKYO
STATION HOTEL

案內所　電梯　綠色窗口
洗手間　寄物櫃　樓梯・手扶梯

❶八重洲口

　　八重洲口是非常典型的車站百貨與地下街商場，地面出口分為南口、北口、中央口，車站外則是櫛比鱗次的商店招牌，前往日本橋、京橋地區比較快。

❷丸之內口

　　東京駅正門面向丸之內一帶是日本金融業的大本營，車站周邊幾乎都是辦公大樓，出口同樣分為南口、北口、中央口，東京Metro丸之內線出口直通丸大樓，若要前往皇居由中央口出站最便利。

出口與景點

出口方向	八重洲口	丸の內口
北口	大丸百貨、日本橋方面、黑塀橫丁、東京丸之內大都會飯店	大手町方面、丸善OAZO、大手町iiyo!!、JR東日本旅行服務中心
中央口	八重洲地下街、東京駅一番街	皇居、新丸大樓、東京駅大飯店
南口	京橋方面、銀座有樂町方面、八重洲地下街、JR高速巴士乘車處、有樂町・銀座方向	HATO BUS、KITTE、丸大樓、皇居、馬場先門、三菱一號美術館

◎丸之內口側
1、2號：中央本線、往高尾(東京西側)
3號：京浜東北線、往大宮(埼玉縣方向)
4號：山手線(內回、往上野)
5號：山手線(外回、往品川)
6號：京浜東北線、往大船(橫濱方向)
7、8號：上野東京線、往宇都宮(栃木縣)·高崎(群馬縣)·常磐線(東北)方向(部分列車為東海道本線)
9、10號：東海道本線

◎八重洲口側
14~19號：東海道·山陽新幹線
20~23號：東北·山形·秋田·北海道·上越·北陸新幹線(經輕井澤/長野)
◎地下4樓京葉線
1~4京葉線、往房總(特急、快速)、往舞濱(東京迪士尼)·蘇我
◎地下5樓總武線
1~4總武本線·橫須賀線(往千葉房總)(快速)、總武本線·橫須賀線(往千葉銚子)(特急)

❸Kitchen Street

📍東京駅1F(八重洲北口／丸之內北口) ⏰平均11:00~23:00

　　Kitchen Street共有24間餐廳，料理多元，包括仙台牛舌、義大利創意料理、茶泡飯專門店、豬排飯。

❺Pensta by Suica

📍東京駅八重洲南口改札內 ⏰8:00~21:00

　　如果喜歡JR東日本Suica的可愛企鵝，千萬別錯過這裡。店裡頭擺滿了各色周邊商品，包羅萬象，很容易就讓人失心瘋。店舖的位置有點難找，它位在改札口內靠近八重洲南口一側、Keiyo Street旁。

❹駅弁屋 祭

📍東京駅改札內Central Street 1F ⏰05:30~23:00 🌐www.nre.co.jp

　　誰說只有坐火車時才能吃鐵路便當！超過170項的日本鐵路便當齊聚一堂，這壯觀的場面相信一定讓許多美食家驚呼不已。因每日販售的數量有限建議早點前去造訪，才不會留下買不到的遺憾。

❻大丸東京店

📍千代田區丸之內1-9-1 ⏰B1~1F平日10:00~21:00、週末例假日至20:00，2~11F平日10:00~20:00、週四~五至21:00，12F餐廳11:00~23:00，13F餐廳11:00~24:00 ❌1月1日 🌐www.daimaru.co.jp/tokyo

　　大丸百貨東京店樓層整體的配置上，B1及1樓是食品區，2~6樓是針對女性的服飾商品，7~8樓是男性樓層，9樓為生活用品與童裝，12~13樓為餐廳。

❼JR東日本旅客服務中心

⏰7:30~20:30

　　丸之內北口設有JR東日本旅客服務中心，這裡不但販售JR東日本的各類通票，也提供行程諮詢，更有中文服務。

往●GranAge→

八重洲地下街

7

キラピカ通り

大丸東京店

3 東京
キャラクターストリート

東京おかしランド

4→

東京ラーメン
ストリート

東京駅一番街

5

のぞみ広場

TOKYO Me +

にっぽん
グルメ街道

6

2 黒塀横丁

八重洲地下
中央口

銀の鈴

北地下自由通路

STATION
CONCIERGE TOKYO

北地下自由通路

1

GRANSTA

中
央
地
下
通
路

NEWDAYS

丸の内地下北口

←往大手町駅

動輪の広場

丸の内
地下中央口

←往丸之内OAZO

丸の内地下南口

←往Art Road

NEWDAYS

Metro丸ノ内線

東京駅

Art Road

↓往●新丸大樓

↓往●丸大樓

❶GRANSTA

東京駅B1(八重洲中央口內)

平均營業時間8:00~22:00，
週日例假日8:00~21:00

　位於丸之內與八重洲中央口的改札間通道，主要客人都是往返東京的旅人。集結50間嚴選店家，包括以牛肉壽喜燒聞名的淺草今半、豬排店まい泉、國產米米八、巧克力店Pierre Marcolini等。

東京車站好大啊，怎麼走不迷路？

東京車站好吃、又好買，但一看到密密麻麻的區域標示就頭昏。其實握住「中央」這兩個字就對了，整個車站商場主要分佈在B1及1樓，兩層樓又分為站內跟站外，也就是說有些店必須刷票進站後才找得到，而且站內站外店家幾乎不重複。下車沿著B1中央地下通路兩側名店匯聚，接著從B1八重洲中央口刷票出來就是知名一番街的中心點，1樓當然也有個最熱鬧的中央通路，反正以中央為基準，保證順暢不迷路。

銀之鈴

在GRANSTA必經的路上，有個閃著銀藍色光芒的巨大銀色鈴鐺，它就是東京車站的最有名的見面地點——銀之鈴。銀之鈴最早在1969年被懸掛在丸之內中央口，很快的受到旅客的認同和喜愛，現在位於GRANSTA內的則是第4代的銀之鈴，是由東京藝術大學校長宮田亮平先生所設計的，附近還是能見到等人的人潮。

⑤TOKYO Me+

🚇東京駅一番街B1(八重洲北口) 🕐9:00~20:30，週末例假日9:00~20:00

原名為「おみやげプラザ」(名產廣場)的TOKYO Me+也屬於東京駅一番街中的一處區塊，位置就在八重洲北口旁，相當便利。這裡聚集了近30家名產伴手的櫃位，包括蜂蜜蛋糕有名的文明堂、來自淺草的老舖舟和、東京風月堂等，各店也會不定期推出東京駅限定款。

❷黑塀橫丁

🚇東京駅一番街B1(八重洲口) 🕐約11:00~23:00

木造窗櫺、店門暖簾和紅、黑配色，黑塀橫丁是一條和風味十足的美食街。這裡也以較正式的日式料理為多，包括壽司、串炸、炭火雞肉、和牛和沖繩料理，也有韓國料理和日式居酒屋。

❻東京拉麵一條街

🚇東京駅一番街B1(八重洲口) 🕐平均11:00~22:30

東京駅的拉麵街集結了東京的8間人氣拉麵店，以順口馥郁的湯頭聞名的九段下「班鳩」、口感清爽的鹽味拉麵「ひるがお」等，人氣最旺的則是僅此一間的沾麵名店「六厘舍」。

❸Character Street

🚇東京駅一番街B1(八重洲口) 🕐平均10:00~20:30

聚集了各家角色周邊專門店，週刊少年JUMP專門店裡的海賊王、銀魂和火影忍者，TBS電視台的小黑豬，NHK的DOMO君、史努比、吉卜力系列、假面超人、樂高，限定商品琳瑯滿目，記得一定要來逛逛唷！

❼八重洲地下街

🚇中央區八重洲2-1 🕐10:00~20:00，依各店舖而異

八重洲地下街與東京車站連結，從八重洲地下中央改札口出站即可直達，擁有都內最廣闊面積的地下商店街沒有車站內的繁忙人潮，主攻的客層以附近的上班族為主，因此餐飲店、雜貨店與服裝店居多，其中還有藥妝店及化妝品店。

❹東京點心樂園

🚇東京駅一番街B1(八重洲中央口) 🕐9:00~21:00

齊聚日本三大點心品牌——江崎固力果、森永製菓以及Calbee，品項齊全，可以找到各地限定商品以及當店獨家口味，還會不定期舉行活動及期間限定店舖，吸引買客駐足流連。

皇居

在東京都的中心，有著一大片綠意被高樓群層層圍繞，這裡便是日本精神像徵「天皇」的住所。日本皇居原本為江戶城的中心，德川幕府滅亡後，於明治天皇時改成宮殿，到了二戰時期被美軍炸毀，最後才在上世紀60年代重建。

東京駅：延伸景點

一般參觀

皇居終日戒備森嚴，並不是能夠自由進出的地方，但近年來宮內廳開放皇居的一部分區域給事前上網申請、或是當天前往取號碼券的人參觀，讓民眾得以一探天皇的神秘住所。整段導覽約75分鐘，全程2.2公里，一路地勢平緩走來並不累，算是輕鬆的小散步。

🏯皇居參觀由桔梗門入場
🕙10:00、13:30兩時段，可上網預約或現場取得該時段的當日受付整理券
❌週日一、例假日、7/21~8/31的下午場、12/28~1/4
💰免費
🌐sankan.kunaicho.go.jp

富士見櫓

皇居參觀的第一站，江戶城本丸唯一保存下來、高16公尺的「富士見櫓」。

伏見櫓

現在看到的宮殿位在江戶城的西之丸，從正面鐵道往回望，是當時保留下來的伏見櫓。

長和殿

長160公尺的長和殿，每年國曆新年與天皇誕生日時，皇室一族會在長和殿的2樓接見民眾，場面十分盛大，而在面對長和殿的右手邊有處南車寄，這裡是天皇迎接外賓的地方。

松之塔

以松樹為意象建造的「松之塔」，是座高塔16公尺的照明塔，寓意著日本國運繁盛昌榮。

宮內庁

有著銅綠色屋頂的建築是處理皇室事務的宮內庁，許多重要儀式都在這裡舉行，像是內閣總理大臣的任命儀式、天皇與皇后的結婚禮等。

正門鐵橋

正門鐵橋，又被稱為二重橋。由於橋面離護城河約13公尺，江戶時期的人們為了克服高度，便在河面先建一座矮橋，再於矮橋上建立另一橋，於是有此一稱。現在雖然改為鐵橋，但許多老東京仍以二重橋稱之，各國賓客前來宮殿拜會天皇時，皆會由此通過。

東御苑

如果你對皇居有「豪華」的期待，恐怕要失望了，其實皇居是以前的江戶城，東苑院內也留有不少城跡，像是曾建有天守閣的天守台，現在只剩平台；另外像是大守門、平川門、富士見櫓、江戶城本丸御殿前的檢察哨「百人番所」與隨處可見的石垣等，每一角落都充滿歷史風情。

🚇東御苑參觀可由大手門、平川門、北桔橋進入
🕐9:00~16:00、4/15~8/31 9:00~16:30、11/1~2月底9:00~15:30
🚫週一、週五、天皇誕生日、12/28~1/4
🌐www.kunaicho.go.jp

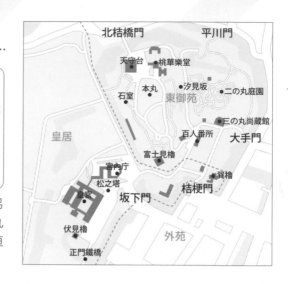

天守台

江戶城本丸北側的天守閣曾高達51公尺，是日本最高的天守。如今原址只剩下平台，讓遊客登高憑弔。

三之丸尚藏館
每年不定期更換工藝美術品展示，讓人一探皇室品味。

入場券
從東御苑大手門處拿個號碼牌，就可以順著路徑走入石垣及林蔭間。號碼牌要妥善拿好，在出御苑時交回，這是皇居警衛點人數的方式。

竹林
天守台附近的竹林植有12種類的竹子，盛夏走在林間，聽著風過林梢的聲音十分風雅。

外苑

皇居外苑位在東京駅左側，是一處結合丸之內道路的公園綠地，人們可以自由在其間散步。外苑佔地十分廣大，主要的參觀景點為櫻田門、正門石橋、二重櫓、楠木正成像和田倉噴水公園等。

東京駅：延伸景點

東京車站

N

A

內堀通
和田倉濠
皇居外苑
馬場先濠
二重橋前駅
明治生命館
皇居前廣場

C4
C7
C10
C9
C13
C8
C11 C12
C14
C15
D5
D4
D3
D2 D1
Metro東西線
大手町駅
永代通

PALACE HOTEL TOKYO
DEAN & DELUCA
新丸大樓
丸大樓
丸之內仲通大樓
SKY BUS乘車處
JR TOWER
KITTE
三菱東京UFJ銀行本店
丸之內MY PLAZA
丸之內BRICK SQUARE
TOKIA
三菱一號館美術館

都營三田線
Metro千代田線

B

E1
大手町駅
A4
A5
B2a
B1
B3
B4 B5
B6
B7
大手町駅
永代通

AMAN TOKYO
iiyo!!
丸之內OAZO
Beer Chimney
Hotel Metropolitan 東京丸之內

丸之內北口
丸之內中央口
丸之內南口
GRANSTA (B1)
THE TOKYO STATION HOTEL
HATO巴士乘車處
GRANROOF

東京駅
JR中央線
JR山手線

C

常盤橋公園
都心環狀線
Metro半藏門線
JR東北・上越新幹線

B8
B9
B10
日本橋口
Shangri-La Hotel TOKYO
八重洲北口
大丸東京店
八重洲中央口
東京駅一番街
八重洲南口
東京拉麵街(B1)
八重洲BC

外堀通

12
16
19
20
21 22
26 25
2 1
3
4
6 5
八重洲通
城東小

1

2

B7
B5
國際大樓
帝國劇場
B4
B3 D1
D3
D2
D5
D4
有樂町駅
BIC CAMERA
東京國際會議中心
Metro有樂町線

D8
東京交通會館
中央口
日比谷口
銀座口
有樂町O101
Hankyu MEN's TOKYO
LUMINE

A3
A2
A4

JR京濱東北線・JR東海道線
JR橫須賀線

東京駅
富士屋
東京高速道路
銀座櫻通
銀座一丁目駅

京橋駅
7
6
5
3
4
2
1
8
5
6
8

3

⊙景點	⑪餐廳	⑪購物	□百貨
⊙公園	⑪飯店	◢美術館	⊙學校

066

A   **B**   **C**

延伸景點

光是東京車站地下百商店街還逛不夠,那就出站來到周邊的百貨群,順遊周邊精彩景點!

位在4樓的舊局長室就面對著東京駅,可以從這裡近距離欣賞建築風景。

利用原本銀行接待大廳空間改建、開放感十足的咖啡館1894。

位在6樓的屋上庭園,木道旁點綴的綠意帶來城市綠意。從這裡可以看東京車站與列車進出,是絕佳拍照景點。

博物館商店裡有許多限定商品,並會隨著展覽而改變內容與陳列,喜歡文創小物的人不能錯過。

MAP P.66 B2　**KITTE**

MAP P.66 A2　三菱一號館美術館

如何前往

JR東京駅徒步1分,東京地下鐵丸之內線東京駅地下直結

info

📍千代田區丸之內2-7-2　🛒購物11:00~20:00;餐廳及咖啡廳11:00~22:00 🌐jptower-kitte.jp

　KITTE絕對是東京近年備受矚目的百貨商場,改建自舊東京中央郵局的KITTE,名稱取自「郵票」(切手)與「來」(来て)的日文發音,地下1樓到地上6樓的7個樓層間進駐近百間店舖,成為東京購物飲食必去景點。

如何前往

東京駅丸之內南口徒步5分,東京地下鐵丸之內線東京駅徒步6分,千代田線二重橋駅徒步3分

info

📞03-5777-8600　📍千代田區丸之內2-6-2 🕐10:00~18:00,週五(例假日除外)10:00~21:00 🚫週一(遇假日順延),1/1,換展期間 🌐mimt.jp

　2010年春天開幕的三菱一號館美術館,依據1894年由英國設計師所繪、豎立於原基地的三菱事務所設計圖,經過詳細考證後所重建而成。建築的2、3樓做為美術館的展覽空間使用,1樓則有建築本身的歷史資料室、咖啡廳與商店。

東京駅:延伸景點

丸大樓

MAP P.66 B2

如何前往

東京駅丸之內南口徒步1分，東京地下鐵丸之內線東京駅、千代田線二重橋駅直結

info

🏠千代田區丸之內2-4-1 🛍購物11:00~21:00、週日例假日~20:00，餐廳11:00~23:00、週日例假日~22:00 🌐www.marunouchi.com/top/marubiru

丸大樓為丸之內大樓的通稱，地下1樓是食品雜貨街，且與東京車站連結，交通的便利自然不用説；1樓到4樓是Shopping Mall，無論是日本原創的熱門品牌，或是來自歐美的設計師精品，所有流行時尚的夢想都可實現。35、36樓是高級觀景餐廳，放眼望去東京都璀璨的豪華夜景盡收眼底。

 **丸之內仲通**

MAP P.66 A2

如何前往

東京駅丸之內口徒步3分

丸之內仲通是從丸大樓一直延伸到有樂町車站的林蔭大道，一般也稱為購物大道。寬敞的石疊路兩旁，知名精品店和國外高級名牌店一字排開，刺激著過路行人的購買慾。就算買不下手，沿著環境優美的仲通來個Window Shopping也是不錯的選擇。

在聖誕節前後的點燈活動，更讓這條路顯得益發美麗。

 東京國際會議中心

MAP P.66 B3

如何前往

JR有樂町駅徒步1分，JR東京駅徒步5分

info

📞03-5221-9000 🏠千代田區丸之內3-5-1 🌐www.t-i-forum.co.jp

東京車站旁有棟呈現尖鋭橢圓狀的玻璃建築相當引人注目，這就是東京國際會議中心，平時會舉辦各項活動，例如演奏、戲劇等，也會在中庭廣場不定期舉辦跳蚤市場、骨董市場等可以讓人盡情挖寶。1樓還有個相田みつ美術館，展覽書法家的作品。

位在戶外廣場的Zero屋台村，每天集合不同的餐車，提供上班族快速、美味、平價的用餐選擇。

 **丸善 丸之內本店**

MAP P.66 B1

如何前往

東京駅丸之內北口地下通道徒步1分，東京地下鐵丸之內線東京駅直結

info

📞03-5288-8881 🏠千代田區丸之內1-6-4丸之內OAZO 1~4F 🕘9:00~21:00 🚫1/1，2月第3個週日 🌐www.maruzenjunkudo.co.jp/maruzen/top.html

丸善書店在OAZO的本店可是全日本最大的書店！店舖共4層樓高，1~3樓為日文書，4樓則為西洋書以及販售文具、展覽等複合式空間。由於往來丸之內的以上班族居多，因此1樓特別陳列了大量的商業與政治相關書籍，而除了書籍外，亦有展覽、咖啡館、文具等相關空間。

用餐選擇

東京駅內美食眾多，想吃什麼在裡面絕對會大大滿足。
如果出了車站，還可以來這幾個地方用餐

TANITA食堂
日式定食

🏠 千代田區丸の内3-1-1 丸之內國際大樓B1

日本的體脂體重計大廠TANITA的員工餐廳以均衡飲食
幫助員工減重，引起話題後發行食譜，甚至是直接開設了
一間食堂，將自家員工餐廳的伙食對外開放，讓一般大眾
也能品嚐。這裡的定食每一份的熱量都在500大卡前後，且蔬菜增量、鹽份減
量，吃來飽足卻又清爽無負擔。

📍P.66A3 丸之內國際大樓 🚇東京地下鐵有樂町駅、日比谷駅直結 ☎03-
6273-4630 🕐午餐11:00~15:00，午茶15:00~17:30，週六與假日營業時間
為11:00~14:30 ❌週末 🌐www.tanita.co.jp/shokudo

**日替わり
(本日午餐)
¥930**
推薦菜

**店內套餐
¥1500**
推薦菜

ANTICA OSTERIA DEL PONTE
義式料理、米其林❁❁❁

🏠 千代田區丸之內2-4-1
丸大樓36F

這裡是義大利料理
界第二家獲得米
其林三顆星的高
級餐廳，其獨創
一格的義式料理
每每讓人驚豔，
丸大樓店可是其
在全世界第一家
海外分店。

**午餐
¥7000起**
推薦菜

📍P66B2 丸大樓
🚇東京駅丸之內南口徒步1分，東京地下
鐵丸之內線東京駅、千代田線二重橋駅
直結 ☎03-5220-4686 🕐午餐
11:30~15:30、週末例假日
11:30~16:00、晚餐17:30~23:00、週日
例假日17:30~22:00 🌐www.
anticaosteriadelponte.jp

M&C Cafe
和風洋食

🏠 千代田區丸之內1-6-4
丸之內OAZO 4F

丸善M&C Cafe位在丸善書店頂樓，
自昭和29年(1954年)創業，是牛肉
燴飯的元祖洋食店，丸善初代社長
早矢仕考察研發
出牛肉燴飯，
就以他的姓
氏「早矢仕」
命名。

📍P.66B1 丸
之內OAZO
🚇東京駅丸之
內北口地下通
道徒步1分，
東京地下鐵丸之內線東京駅直結 ☎
03-3214-1013 🕐9:00~21:00(L.
O.20:30) 🌐www.clea.co.jp/
mandc.html

**頂級牛肉燴飯
(ビーフプレミアム
早矢仕ライス)
¥1480**
推薦菜

POINT ET LIGNE
麵包湯品

🏠 千代田區丸之內1-5-1
新丸大樓B1

POINT ET LIGNE
的麵包是以東京
印象作為發想的
原點，運用日本
產的優質小麥與
紅豆等原料創作出帶有和風口味的
麵包。以麵包為主角的店內套餐共
5種的當日麵包配上適合麵包的6種
沾醬、湯品、新鮮沙拉與燻鮭魚也相
當令人驚艷。

📍P.66B2 新丸大樓 🚇JR丸之內中
央口徒步1分，東京地下鐵丸之內線
東京駅、三田線大手町駅直結 ☎
03-5222-7005 🕐11:00~22:00，
週六10:30~22:00，週日例假日
10:30~21:00 🌐www.point-et-
ligne.com

串·聯·行·程 日本橋

東京駅附近的日本橋，發展歷史可以追溯到400年前江戶城開城，是江戶城發展的起點，之後日本最早期的郵局事業和銀行系統發祥於此，現在來這裡能感受到從江戶經歷經明治西洋風情的歷史步履，江戶至今的老舖也不少。

◎從東京駅日本橋口徒步約10分內即達各景點
◎搭乘東京地下鐵東西線、銀座線，或是都營大江戶線至日本橋駅下車即達。
◎搭乘東京地下鐵銀座線、半藏門線至三越前駅下車即達。

日本橋

日本橋

info

⌂中央區日本橋 ◎自由參觀

　　日本橋是德川家康在慶長8年(1603年)開立江戶幕府時所建，當時是江戶的主要道路，現在仍是數條國道的起點和重要的交通匯集地。初代日本橋為木造，之後歷經了戰事與火災，現在看到的橋梁是建於1991年的第九代，是石造的雙拱橋梁，第一代木橋的原尺寸復原模型，則可以在兩國的江戶東京博物館看到。

道路元標

位在日本橋中心的「道路元標」，說明這裡曾是東海道、甲州街道、奧州街道、日光街道、中山道起點的歷史。

日本橋 三越本店

info

☎03-3241-3311 ⌂中央區室町1-4-1 ◎10:00~19:00 ⊕mitsukoshi.mistore.jp/store/nihombashi/index.html

　　現在所看到的日本橋三越本店建築，最早完工於1914年，之後陸續增建和整修的工程完成於1935年，開幕當時可是東京除了國會議事堂和丸大樓之外最大的建築，也是日本第一間引進電梯的百貨公司。

COREDO日本橋

info

☎03-3272-4801 📍中央區日本橋1-4-1 ⏰依各店而異，約11:00~21:00 🌐31urban.jp/institution.php?iid=0009

隸屬於三井旗下的COREDO日本橋，與東京metro日本橋駅直接連通，開業於2004年，也為老舖百貨林立的日本橋地區，注入了年輕的活力。在定位上以年輕女性為主要客群，於2009年還重新規劃了針對女性的3樓生活雜貨美妝區，全館精選約30間餐廳與服飾店舖，小資女孩來這裡逛就對了！

三井タワー

info

☎03-5777-8600 📍中央區日本橋室町2-1-1 ⏰約7:30~23:00 🌐www.mitsuitower.jp

與80年歷史的重要文化財三井本館併設的現代感建築三井tower，竣工於2005年，是日本橋第一間高樓層的複合式商辦設施。在高樓層有文華東方進駐，低樓層則有包括千疋屋總本店等高級餐廳。相鄰的三井本館內還設有三井紀念美術館，展出三井家族以東洋古美術和工藝品為主的傲人收藏。

COREDO室町 1、2&3

info

🛍依店家而異 📍中央區日本橋室町2-2-1、2-3-1、1-5-5 ⏰約10:00~21:00(依各店而異) 🌐31urban.jp/institution.php?iid=0013

同樣隸屬於三井集團旗下的COREDO室町1、COREDO室町2&3集結多間老舖，以飲食、嚴選精品為主要訴求，開幕當時一度引起話題。於2010年開幕的COREDO室町，在4年後，也就是2014年3月時室町2、3兩館也相繼開幕，為了重現江戶時代日本橋的繁盛，在外觀設計融合日本古典與現代元素，創造出一個全新的飲食、購物空間，也活化了日本橋，吸引更多有品味的年輕人。

泰明軒

info

☎03-3271-2463 📍中央區日本橋1-12-10 ⏰11:00~21:00(L.O.20:30)，週日例假日11:00~20:30(L.O.20:00) 💰オムライス(蛋包飯)¥1700 🌐www.taimeiken.co.jp

創業於昭和6年的泰明軒，在招牌料理蛋包飯，用叉子將蛋皮切開的那一瞬間，柔嫩鬆軟的半熟蛋皮，濃郁細緻的口感奠定了餐廳的地位。雖然發明蛋包飯的始祖不是泰明軒，但是將蛋皮做成半熟鬆軟的口感，則是由已故的伊丹十三導演的一句話，「如果可以吃到鬆軟的蛋皮做成的蛋包飯該有多好」這句話而產生的。

奢華　東京的代表地，
名品　與老舖交織上流購物街景

大約距今兩百年以前，銀座就已經是熱鬧的逛街區，而現在的和光百貨，前身則是服部鐘錶店。鐘樓建築首度出現在1894年，目前的優雅式樣則完成於1932年，是幸運逃過二戰空襲的少數建築，也成為象徵著銀座的歷史與復興、最具代表性的銀座地標。

銀座

MAP
P.74

銀座
ぎんざ／Ginza

　　銀座是傳統與創新的集結，歷史悠久的和服老店和現代感十足的國際級精品名牌旗艦店共存，近年來，GAP、H&M和UNIQLO等平價品牌的進駐，也讓銀座逛街的選擇性更加開闊。白天，踩著高跟鞋優雅走在街頭的粉領族，成為銀座時尚高貴的表徵；到了晚上，穿上昂貴和服的女性，則為日本政經財界的仕紳舒緩沉重壓力。在美食上，銀座也延續著新舊交替的特質：無論是隱藏於巷弄裡的老店、名牌旗艦店中的高級餐廳或老舖百貨公司裡的美味都不惶多讓。

造訪銀座理由

1 名品滿街，光是Window Shopping就讓人大滿足

2 貴婦級下午茶、甜點多樣化

3 百貨群新鮮好逛，吃喝玩買一處搞定

至少預留時間
逛中央通與各大百貨
2小時
歌舞伎座觀劇
3小時
逛街+吃下午茶
4小時

東京地下鐵丸之內線、日比谷線、銀座線【銀座駅】
都營地下鐵淺草線【東銀座駅】
東京地下鐵有樂町線【銀座一丁目駅】
東京地下鐵有樂町線、JR山手線・京浜東北線【有楽町駅】

有此一說～

銀座身世故事

1872年(明治5年)銀座發生大火，市街幾乎全毀，於是聘用英國建築設計師將銀座重建成能防火災的城市，由防火煉瓦打造的異國風街道於焉誕生，沒想到卻躲不過關東大地震。之後再次重建的銀座屹立至今，成為東京都的文化與商業重鎮。

逃過太平洋戰爭美軍的轟炸，完整保留下來的奧野大樓矗立新大樓林立的街區，深咖啡色的磚牆與城牆般的外觀現在看來仍是十足復古摩登。現在約有20多家藝廊進駐，藉由文化藝術創作為老房子帶來新生命。

人潮繁忙的銀座四丁目十字路口旁，有塊黑黑的石頭，仔細一看竟然是個貓！原來這貓叫「招戀貓」，位在三愛大樓前，是雕刻家流政之的作品。

有時會在銀座的路牌看到貓咪趴坐在上，看著人來人往也一派從容。據說有個男子會將自己的貓帶來這裡，讓喵星人的萌力溫暖冷漠的路人。此舉果真奏效，貓咪宛如大明星，每個人都搶著跟牠拍照呢！

怎麼玩銀座才聰明？

步行者天國

中央通是銀座的主要街道，光是走走逛逛，瀏覽各家商店的美麗櫥窗就很能感受銀座風情。中央通還會在週末舉行步行者天國，一到時間就封街禁止車輛進入，滿滿人潮紛紛湧上銀座街頭，更顯出這裡的繁華熱鬧。
🔽 10～3月週末例假日13:00～17:00；4～9月週末例假日13:00～18:00

並木通

並木通是一條與中央通平行的街道，從日比谷線銀座駅B4、B5、B6出口就能抵達，比起中央通稍小的道路有著樹木夾道，早在60年代就是流行男女的逛街地，也是銀座最早有國際精品店進駐的街道，如Cartier、LV、dunhill等都在此駐點。到了夜晚，從並木通到外堀通一帶則有不少酒吧和餐廳營業。

順遊有樂町

銀座至有樂町徒步距離約10~15分鐘，而從有樂町至丸之內、東京車站則約徒步15分可達，由於大型車站的地下系統相當複雜，雖然有樂町到東京車站才一站，與其搭乘電車不如從地面漫步前往。

銀座

Do YOU KnoW

有銀座，那有沒有金座呢？

話說銀座的地名源於江戶時代，這裡是當時幕府的銀幣鑄造所「銀座」的所在地，銀座的說法日漸普遍，明治2年日本政府乾脆將這個地方的地名稱為銀座。而當年的金幣鑄造所「金座」，則位於日本銀行本店的現址(日本橋一帶)。

流行最前線，
帶你玩全日本都在瘋的「GINZA SIX」

 GINZA SIX

如何前往
地下鐵銀座駅A3出口徒步2分

info
☎03-6891-3390 　🏠中央區銀座6-10-1
🕐10:30~20:30、美食商場11:00~23:00
🌐ginza6.tokyo

2017年4月20日開始營運GINZA SIX，號稱是全東京都心最豪華的百貨公司，在繁華銀座裡坐擁20層樓、241家駐店品牌，其中121間為日本旗艦店。百貨公共空間由設計紐約現代美術館的名建築師谷口吉生操刀，法國設計師Gwenael Nicolas主導室內裝潢、森美術館館長監製，再加上Teamlab設計的LED瀑布牆等作品，這些大牌設計師罕見地齊聚一堂，讓這座話題百貨充滿設計質感。

MAP
P.74
B3

1F

面對三原通り是觀光巴士直結的搭乘站，巴士站上方連結商場2樓也有免費休憩公共座位區，讓觀光客能悠閒往來。

6F

蔦屋書店／
STARBUCKS
RESERVE BAR
🕐10:00~22:30

蔦屋書店重金入駐GINZA SIX，以簡潔工業為設計主軸，將建築牆面以落地玻璃方式納進自然光，照耀著被架起六尺高的書架。與STARBUCKS聯手，不僅創造專屬記念商品，更提供咖啡與休憩小點，讓顧客可以在書海中喝上一杯專屬咖啡，獨享屬於個人的美好時光。

13F

銀座區域最大的頂樓花園，位居13樓頂樓視野遼闊外，設有許多免費休憩區，還有玩水區讓小小孩都超開心。

B3F

設有「観世能樂堂」劇場，這裡是能劇最大流派 世流的據點，細緻演出絕對令人期待。

B2F

10 FACTORY
🕐10:30~20:30
10 FACTORY以蜜柑為主題，採用愛媛縣的新鮮蜜柑依不同品種，製成不同口味的各式加工農產品。

B2F

L' ABEILLE
🕐110:30~20:30
L' ABEILLE是法語裡的「蜜蜂」之意，在世界各地尋找以美好青空與陽光花田養育出的美味蜂蜜，搜集共80多種氣味的蜂蜜，從產地到品質皆嚴格控管，提供最美味與安全的蜂蜜。

隨意走走，銀座百貨群走到哪逛到哪，超多選擇不用怕沒地方去！

外觀華麗的桃山樣式建築是於1951年再建而成，2013年再經隈研吾修建成現今的樣貌。

 **MAP P.74 C3 歌舞伎座**

如何前往

地下鐵日比谷線、都營淺草線東銀座駅3出口即達

info

☎03-3545-6800 ⊙中央區銀座4-12-15

◐一幕見席購買不用預約，當天購買即可

⑤依表演而異 ⓦwww.kabuki-za.co.jp

歌舞伎為日本傳統的舞台劇，以華麗服裝、誇張化妝術，直接而大膽傳達理想和夢想，這是專用表演場，一年到頭都上演著一齣齣膾炙人口的傳統歌舞伎。對於外國遊客而言，可選擇4樓「一幕見自由席」，感受一下氣氛。

 **MAP P.74 B2 MIKIMOTO Ginza2**

如何前往

地下鐵銀座駅C8出口徒步3分

info

☎03-3535-4611 ⊙中央區銀座2-4-12

◐11:00~19:00(依月份而異)

ⓦwww.mikimoto.com/jp/stores/direct/ginza2.htm

MIKIMOTO就是大名鼎鼎的御木本珍珠，以獨門的珍珠養殖聞名，同時也是舉世知名的高級珍珠飾品店，銀座就有兩家店舖，並木通的分店強調年輕族群

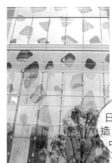

的設計質感，深受粉領族們的喜愛，樓上也有浪漫餐廳。

純白色的建築是由日本建築師伊東豐雄所打造，白色鏤空的建築仿如海中採集珍珠時的氣泡，讓人印象深刻。

 MAP P.74 B2 和光本館

如何前往

地下鐵銀座駅A9、A10出口即達

info

☎03-3562-2111 ⊙中央區銀座4-5-11

◐10:30~19:00 ⓦwww.wako.co.jp

中央通與晴海通交叉口有一座鐘樓，就是老牌百貨「和光」的本館主建築。和光是以販售日本國內外高級鐘錶延伸出的精品百貨，塔樓上古色古香的大鐘是銀座的地標之一，尤其夜間點起燈光、或是整點鐘聲響起時，更是讓銀座街頭瞬間染上昔日的溫柔情調。

TOKYU PLAZA Ginza

MAP P.74 B2

如何前往
地下鐵銀座駅C2、C3出口即達

info
☎03-3571-0109 ⊙中央區銀座5-2-1 ⊙
11:00~21:00，餐廳~23:00 ⊙ginza.tokyu-plaza.com

2016年3月開幕後，成為銀座規模最大商場外，也打破銀座只賣貴森森高價名牌的商場印象。以具設計感、年輕流行、生活設計雜貨、潮流餐飲、空中花園、展覽廳、免稅店等各式複合設施，讓這裡成為既好逛又好買的新潮聖地。

鄰近地下鐵銀座站及JR有樂町站，位在數寄屋橋與晴海通路口這棟有如巨大航空母艦般的美麗玻璃帷幕商場，就是TOKYU PLAZA。

開幕立即引發話題的這棟美麗白色建築，與代官山蔦屋書店出自同一設計公司，以透雕格狀外觀，將日本傳統建築特色融合於此的複合式商場大樓。

GINZA PLACE

MAP P.74 B2

如何前往
地下鐵銀座駅A4出口直結

info
⊙中央區銀座5-8-1
⊙商店11:00~18:00，餐廳11:00~23:00(各店家營業時間不一) ⊙ginzaplace.jp

GINZA PLACE就位在銀座鬧區中心點、銀座地標和光堂的對角線，總共地下2層、地上11層的空間，由1~2F的NISSAN汽車、4~6F的SONY商品店、餐廳、複合展示小藝廊所結合而成。

銀座三越

MAP P.74 B3

如何前往
地下鐵銀座駅B1、B2、A7、A8、A11出口即達

info
☎03-3562-1111 ⊙中央區銀座4-6-16
⊙10:00~20:00，9~12F餐廳11:00~23:00
⊙mitsukoshi.mistore.jp/store/ginza

銀座是個名牌精品大集合的區域，更是大型百貨公司的競技場，銀座三越特別針對成熟女性顧客群提出了一種三越STYLE，和許多品牌合作推出三越限定或是三越先發行的款式，例如深受日本女性歡迎的Marc by Marc Jacobs就只在三越有設配件專櫃。

享受精品級的高規格款待，想享受東京優雅就在這兒！

銀座 篝
米其林一星拉麵

雞白湯SOBA 並
¥1100
推薦菜

🏠 中央區銀座6-4-12

位在地下街內的「銀座 篝」，是愛麵族不能錯過的美味店家。拉麵湯底以雞骨長時間熬煮呈現乳白色，麵條放上雞肉叉燒、蘆筍、玉米筍和蘿蔔嬰，視覺與味覺一般雋永清爽。沾麵走濃厚路線，加入大量魚乾、柴魚的乾麵口感濃重香鮮，加上店家提供的玄米有機醋，香氣分外引人入勝。

📍P.74B2 🚇地下鐵銀座駅徒步2分 🕐11:00~22:00

HIGASHIYA GINZA
創作和菓子

茶間食
¥5500
推薦菜

🏠 中央區銀座1-7-7
(POLA THE BEAUTY GINZA 2F)

設計大師緒方慎一郎創造當代和菓子文化，以每日的菓子為概念，擷取當代設計的美感，新創時尚和菓子。小尺寸的精緻感，符合當代健康意識的低糖，加入傳統和菓子所沒有的西式元素。全年販售的生菓子、羊羹、最中，季節限定的生菓子、道明寺羹、葉卷果等，桐箱或色彩鮮豔的包裝設計，是質感絕佳的贈禮。

📍P.74C2 🚇地下鐵銀座一丁目駅徒步1分 ☎03-3538-3230 🕐和菓子舖11:00~19:00，茶房11:00~19:00(L.O.18:00) 🌐www.higashiya.com

オムライス
(蛋包飯)
¥2800
推薦菜

資生堂パーラー 銀座本店
西式餐廳

🏠 東京都中央區銀座8-8-3
資生堂大樓4~5F

在SHISEIDO PARLOUR吃到的口味，跟剛開幕的口味完全相同，保存了最初銀座懷舊的美食記憶。承襲高雅成熟的韻味，即使只是吃蛋包飯也是要用上全套精緻高雅的銀器，優雅的三層銀器當中裝著特別醃製的配菜，醃洋蔥香脆的口感相當美味，是銀座的懷舊滋味。

📍P.74A3 資生堂大樓 🚇地下鐵銀座駅徒步8分，JR新橋駅徒步5分 ☎03-5537-6241 🕐11:30~21:30(L.O.20:30) 🚫週一(週假日營業) 🌐parlour.shiseido.co.jp

Pierre Marcolini
巧克力

 中央區銀座5-5-8

比利時巧克力大師Pierre Marcolini的同名巧克力專賣店，隔鄰則是同品牌的冰淇淋店，每到假日總能見到排隊的人潮。由巧克力的原料可可豆開始親自嚴選，使得Pierre Marcolini的巧克力擁有獨家的濃厚醇香，不論是外帶單顆巧克力或是進到樓上座席，嚐看看店內限定的巧克力聖代，都令人感受到巧克力獨有的滿滿幸福滋味。

招牌
巧克力聖代
MARCOLINI CHOCOLATE PARFAIT
¥1760
推薦菜

◎P.74B2 ◎地下鐵銀座駅B3出口徒步1分 ☎03-5537-0015 ◎11:00~20:00(L.O.19:30)，週日例假日11:00~19:00(L.O.18:30) ◎www.pierremarcolini.jp

岡半本店
鐵板燒

和牛
リブロース薄
(和牛肋眼薄燒)
¥1600
推薦菜

 中央區銀座7-6-16 銀座金田中ビル7F、8F

到岡半用餐，多少要有散盡家財的心理準備，不過中午到岡半享用午餐，同樣的服務和水準，卻能夠用吃一頓下午茶的價格，品嚐到頂級和牛鐵板燒。午餐選項眾多，建議從薄片等級開始點起；和牛肋眼薄燒選用上等部位，放在高溫鐵板上，不過三秒馬上捲起炒成焦糖色的洋蔥，搭配奶油醬油享用。搭配套餐的還有燉煮野菜肉丸，濃郁湯汁澆在飯上，堪稱人間美味。

◎P.74A3 ◎地下鐵銀座駅B5出口徒步3分 ☎03-3571-1417 ◎11:30~14:00(L.O.13:30)、17:30~22:00(L.O.21:30) ◎週日例假日 ◎www.kanetanaka.co.jp/restrant/okahan

煉瓦亭
和風洋食

元祖オムライス
(元祖蛋包飯)
¥1700
推薦菜

 中央區銀座3-5-16

明治28年(1895年)開業的洋食屋「煉瓦亭」，是銀座餐廳中最有名的一家，創業於1895年的煉瓦亭，是蛋包飯、牛肉燴飯等和風洋食的創始店，也是蛋包飯迷必來朝聖的店家。

◎P.74B2 ◎地下鐵銀座駅徒步3分 ☎03-3561-7258 ◎午餐11:15~15:00(L.O.14:15)，晚餐16:40~21:00(L.O.20:30)、週六例假日~20:45(L.O.20:00) ◎週日

日本第一個蛋包飯
煉瓦亭的蛋包飯最早是員工餐，後來因為客人想吃才正式成為菜單之一，這裡的做法和一般常見將飯以蛋皮裹起的做法並不相同，而是將蛋汁將飯粒一一包裹，十分特別。

久兵衛
午餐壽司
¥6050起
推薦菜

久兵衛
江戶壽司

 中央區銀座8-7-6

提起江戶的美味壽司，位於銀座的「久兵衛」是美食饕客共同推薦的高級壽司店，知名藝術家兼美食家的北大路魯山人就是這裡的常客。「久兵衛」的套餐全以日本知名的陶瓷鄉命名，握壽司看起來似乎比一般壽司店的小，這是為了將醋飯和海鮮作完美搭配的緣故。

◎P.74A3 ◎地下鐵銀座駅徒步8分，JR新橋駅徒步5分 ☎03-3571-6523 ◎11:30~14:00，17:00~22:00 ◎週日例假日，盂蘭盆節，日本新年 ◎www.kyubey.jp

素有東京廚房稱號的築地市場，原是世界最大的魚市場，市場轉移至豐州後許多原本針對市場人員推出的小吃店家選擇留下，新鮮又便宜，也成為觀光客的最愛。

築地場外市場

info

🎯中央區築地4-10-16 ⏰5:00~約13:00 🚫週日例假日，週三不定休 🌐www.tsukiji.or.jp

有點像迪化街的場外市場，由450多家連在一起的狹小店舖所組成，入口在晴海通與新大橋通的交叉路口，主要販賣做料理用的道具、醃漬品、乾貨等食材，還有生魚片、鰻魚燒、海鮮蓋飯等小吃店，材料當然是早上才批來的活跳跳海鮮，生魚片和蝦貝類都帶著鮮甜海味，對預算有限的旅人來說，是塊寶藏之地。

◎由築地市場步行前往銀座大概只需15分鐘，可作為行程規劃參考。
◎大江戶線築地市場駅的A1出口距築地市場正門最近。
◎若是利用東京Metro的築地駅，出口1距離景點的築地本願寺最近。

築地市場

- ◎ 景點
- 🍴 餐廳
- ☕ 咖啡廳
- ⛩ 神社
- 🏯 寺廟
- 🍡 和菓子
- 🛍 購物

きつねや

專賣燉牛肉料理的狐狸屋是築地的人氣名店，光看老闆攪動著那鍋咕嚕咕嚕冒著泡的燉牛肉，就讓人垂涎三尺。除了牛丼外，強烈推薦本店的牛雜，香軟滑嫩的筋肉加上香蔥，口味雖然偏鹹了些，不過正是老江戶們喜愛的好味道。

🕿03-3545-3902 🎯中央區築地4-9-12 ⏰6:30~13:30 🚫週日例假日，市場休市日 💰牛丼￥770，燉煮牛雜(ホルモン煮)￥670

築地喜代村 壽司三昧

築地市場一帶是壽司店的集中地，其中位於場外市場的壽司三昧本店，是日本第一家24小時的壽司店。壽司三昧為了打破過往壽司店給人的高價神秘印象，以明亮的大扇櫥窗和清楚標示的合理價格，吸引客人安心上門，也特別為了外國客人準備圖文並茂的英文菜單，店內招牌是不同部位的鮪魚握壽司。

🕿03-3541-1117 🎯中央區築地4-11-9 ⏰24小時 💰握壽司單點￥98起，本鮪大TORO(本鮪の大とろ)￥418 🌐www.kiyomura.co.jp

とゝや

藏身在場外果菜市場的角落，とゝや店面雖小，名氣卻響亮地很。這裡的招牌料理就是碳燒雞肉丼，雞肉塊以炭火直烤，放在晶瑩剔透的白飯上，彈牙多汁的肉質深獲好評，微焦表皮讓味覺更有層次。老闆還在桌上準備醬汁，想要吃濃一點可自行添加。

🕿03- 3541-8294 🎯中央區築地6-21-1 ⏰10:00~14:00 🚫週日例假日、休市日 💰燒鳥丼￥1250

大定

壽司店和日式料理店少不了傳統的玉子燒(煎蛋捲)，也使得築地市場出了幾間有名的玉子燒老店。大定是創業已有80年的人氣名店，口味偏甜的玉子燒除了傳統風味，也將市場的海鮮和各種新鮮配料入菜，有蔥花煎蛋、海苔煎蛋、蟹肉煎蛋等各種口味，甚至推出涼梅、松茸等季節限定商品。

🕿03-3541-6964 🎯中央區築地4-13-11 ⏰4:00~15:00 🚫週日例假日、市場休市日 💰ほか玉(小塊玉子燒)￥120 🌐www.daisada.jp

銀座：串聯行程

串·聯·行·程 日比谷Middle Town

Middle Town繼六本木之後，第二家就開在鄰近有樂町的日比谷，緊連著日比谷公園與皇居廣闊一望無際的綠地邊，讓這裡顯得氣氛更加悠閒又充滿高級質感。

日比谷 Middle Town

info

☎03-5157-1251

⌂千代田區有樂町1-1-2

⏰11:00~20:00、餐廳11:00~23:00，4樓電影院及6樓空中花園8:30~23:00(各店舖各異)

🌐www.hibiya.tokyo-midtown.com/jp

◎從銀座駅步行至日比谷Middle Town，慢慢走不用10分鐘就能到，可以串聯一同遊逛。
◎日比谷駅A11出口直達
◎JR有樂町駅南口出來走路不用3分鐘就到，也是很近。

Hibiya Central Market

在3樓角落裡面充滿市場、路面街區風格、庶民街角等氛圍，包含潮物、潮食、選物店、咖啡、書店等共9家店鋪集結於此，絕對值得逛一逛。

⌂Middle Town 3F ⏰11:00~20:00，餐廳11:00~23:00(L.O.22:30)(店家營業時間各異) 🌐hibiya-central-market.jp

TODAY'S SPECIAL Hibiya

主打讓生活更加愉快又幸福，TODAY'S SPECIAL店內提供能讓生活更加有質感與愉悅的選物，包含日式雜貨、食器、食料、布料、園藝、文具和服飾。

⌂Middle Town 3F ⏰11:00~21:00 🌐www.todaysspecial.jp

RINGO

以北海道卡士達醬內餡包覆滿滿蘋果丁的蘋果派是常賣款，有時也會販售期間限定的其他口味水果派。

⌂Middle Town B1 ⏰11:00~21:00 💰蘋果派¥420 🌐ringo-applepie.com

RESTAURANT TOYO

曾在巴黎開設餐廳的主廚中山豐光，將日本文化特有的感性及美學，以洗練的廚藝融入法式料理，創作出宛如日本懷石料理般道道究極精緻的美味藝術。

⌂Middle Town 3F ⏰午餐11:30~14:30(L.O.13:30)，晚餐18:00~23:00(L.O.20:00) 🌐toyojapan.jp

不只從外部欣賞風景，
進到東京鐵塔內部就會發現新天地～

王牌景點 **6**

造訪東京鐵塔理由

1 日本的國家象徵地標

2 登上大展望台，360度欣賞東京都內風景

3 周邊美照景點多

東京鐵塔

MAP P.86 A2

東京鐵塔
とうきょうタワー／Tokyo Tower

東京鐵塔小檔案

開幕：1958年12月23日
高度：333M
紀錄：日本第二高的自立式電波塔
目的：大東京區域的電波放送點
設計：內藤多仲、日建設計
燈光設計：石井幹子
投資額：約30億日幣
吉祥物：NOPPON兄弟

　　東京鐵塔最初設立的目地是擔負東京多家電視台、電台的電波發射重任，不過現在由於塔上150公尺的大展望台與250公尺的特別展望台，具有360度觀景視野，而成為俯瞰東京市容的絕佳地點。開業超過50年的東京鐵塔，是東京的代表景色，也是日本人的心目中的經典風景。從昭和時代到今天，鐵塔也有不少的變與不變。那些想像中老舊的、過時的東西，在此全然不存在，東京鐵塔跟著城市和時間，一同成長為浪漫新鮮、又令人感到懷念不已的城市經典。

都營大江戶線【赤羽橋駅】
都營三田線【御成門駅】
都營三田線【芝公園駅】
東京地下鐵日比谷線【神谷町駅】

至少預留時間
外觀拍照打卡
30分鐘
登塔+紀念品+拍照
2小時

☎03-3433-5111　⊕港區芝公園4-2-8
🕘展望台9:00~23:00(入場至22:30)
💰大展望台大人￥1200，中小學生￥500，4歲以上小孩￥500；大展望台＋樓頂大人￥3000，中小學生￥2000，4歲以上小孩￥1400；部分設施另計
🔗www.tokyotower.co.jp

周邊拍美照

東京鐵塔周邊有許多拍攝鐵塔美照的定番景點，除了可以上各大觀景台外，一些角度也都十分有趣，出發現不妨多加安排拍照行程，走走逛逛，睜大眼好好找到美麗角度，留下美好回憶。

從京鐵塔停車場的樓梯往上看，正好是最美的構圖。有時候朝聖的人多還得排隊才拍得到呢。

鐵塔內的商店也有販賣東京鐵塔吉祥物Noppon兄弟的相關商品。

點燈

浪漫的東京鐵塔有許多傳說，每天晚上零時一到，東京鐵塔的燈光就會熄滅，據說一起看到熄滅瞬間的情侶就會永遠幸福。為增加可看性，東京鐵塔在夏天和冬天的夜晚分別會打上不同色調的燈光，夏季是白色、冬天則為橘色，在聖誕節還會佈置成像是聖誕樹模樣的燈飾，而每年更是會在晚上利用照明打出年度字樣。

東京鐵塔是日本的戀愛聖地，在設施內可以發現許多愛心的小設計，據說找到愈多就能得到愈多幸福，一起來找看看吧！

聖誕點燈Winter Fantasy

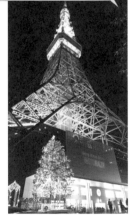

東京鐵塔聖誕燈飾，每到冬季便會在鐵塔1樓正面玄關前佈置聖誕樹與燈飾，節慶氣息濃厚。每年舉辦時間約是11月初至2月底。

大展望台地板設有透明的玻璃，膽子大的你，敢走上去感受凌空150M的快感嗎？

DO YOU KNOW

地上也有鐵塔！？

登上大展望台，朝向橫浜方向，由三條交會的馬路在地面勾勒出簡單的鐵塔線條，夜晚路燈點和車行光亮燃起觀景者的溫暖想像。

東京鐵塔內部探險，從底層玩到最高處，大人小孩都開心～

最高點 333M

特別展望台 250M
在最上層的特別展望台，地面的LED燈鋪展出奇異浪漫的異空間

大展望台 150M
在大展望台下層，由變幻燈光點綴的空間中心有間咖啡店，眼前夜景無比遼闊。

2F

TOWER大神宮
🕘9:00~22:30
位於大展望台的TOWER大神宮，可是名符其實全東京最高的神社，不少來到東京鐵塔的人都會順道參拜一番，無論是戀愛成功、考試合格或者交通平安都可以祈求，但聽說因為神社很高，所以祈求考試高中的人特別多，在附近的名產店還可以買到神社御守。

1F

Cafe La Tour
🕘9:30~22:30
登上鐵塔的大展望台，不想要只是隨便看看便離開，那不如就坐在南西側的咖啡廳裡，悠閒的望著窗外風景，一邊啜飲咖啡，感受東京都會裡的寧靜片刻。

FOOT TOWAN
在鐵塔腳底的FOOT TOWAN，包含B1至5樓的建築物裡，網羅了多種設施，有吃的逛的買的玩的，是適合親子同遊的好去處。

東京鐵塔
3~5F

TOWER GALLERY 3·3·3
🕘9:00~22:00
位於3F的TOWER GALLERY 3·3·3是商店、咖啡店加上展示的特別空間，這裡的商品和其他地方比起來更有設計感，最近的熱門商品就是東京鐵塔造型的TOWER礦泉水。

東京鐵塔
2F

TOKIO 333
🕘9:30~23:00
一進到TOKIO 333，就能看到東京芭娜娜等東京定番商品的櫃位，而這間店舖的確是販賣東京伴手禮的店舖。除了東京定番點心，另外和東京鐵塔相關造型的各種卡通人物如KITTY、Q比、綠球藻人等，總數也在500種以上，有在收集的朋友可以來好好尋寶。

東京おみやげたうん
🕘9:30~22:00，依季節而異 💲東京鐵塔模型￥400起
在東京鐵塔誕生時，許多販賣土產的小店伴隨著觀光客的增加開始營業，而現在的東京おみやげたうん，就是將當年的老舖集中起來的商店街。這裡的商品五花八門，從和服、武士刀、扇子到東京鐵塔相關的紀念品都找得到，也是東京少數保留了老式況味的觀光商店街。

🔊 只想買商品
東京鐵塔底各個樓層還有多樣設施，不過每個館都需要另外買門票才能進入。惟獨1·2F的紀念商品區，可以不用購買任何門票和入場券即可進入。

東
京
鐵
塔
：
必
看
重
點

東京鐵塔周邊還有不少有趣的景點，
若還有點時間不妨順道前往

圍著東京鐵塔的芝公園是日本最古老的公園之一，園中部分樹木從增上寺的時代生長至今，高大優美，秋日也有紅葉可賞。

大倉集古館● Ⓗ東京大倉酒店

Ⓗ虎ノ門Hills

◎景點 ⑪餐廳
⚫甜點 卍神社
Ⓗ飯店 ◎公園
卍寺廟

⑪愛宕神社

1　　　　　　　**1**

◎NHK放送博物館

俄羅斯聯邦大使館

東京王子大飯店

野田岩　東京鐵塔

Le Pain Quotidien

增上寺

2　　　　　　　**2**

菓子工房ルスルス

The Prince Park
Tower Tokyo

芝公園　芝東照宮

A

東京鐵塔

N

芝公園
MAP P.86 A2

如何前往

地下鐵芝公園駅徒步2分，御成門駅徒步2分，赤羽橋駅徒步2分，大門駅徒步5分

info

☎03-3431-4359 ◎港區芝公園1~4丁目

◉自由參觀

　芝公園綠地圍繞著增上寺，佔地面積廣大，又受到後來的道路分割，幾乎無法讓人劃清公園的實際界線。分散園內的景點如丸山古墳、古墳小丘附近的古老梅園「銀世界」和山丘上200餘株櫻花等也小有可觀之處，有時間可以來段林間散步。

增上寺
MAP P.86 A2

在明治時代廢佛運動中，大部分的寺院都被燒毀，德川家的靈廟當然也難逃一劫，只有入口處的木造大樓門「三解脫門」，殘存江戶時代輝煌的影子。

如何前往

地下鐵芝公園駅徒步3分，御成門駅徒步3分，赤羽橋駅徒步7分，大門駅徒步5分

info

☎03-3432-1431 ◎
港區芝公園4-7-35
ⓦwww.zojoji.or.jp

　增上寺代表的是江戶時代德川幕府的輝煌歷史。德川家康大軍一進駐江戶就立刻拜增上寺12代住持為師，每逢戰役告捷，一定花大錢整修，數年累積下來，增上寺佔地20萬坪成為關東地區佛教宣揚的中心。

NHK放送博物館

如何前往

地下鐵神谷町駅徒步8分,御成門駅徒步10分

info

⌖港區愛宕2-1-1 ⏰9:30~16:30 ⊘週一(遇假日順延)、年末年始 ⊜免費 ⊕www.nhk.or.jp/museum/

　1956年以「放送的故鄉·愛宕山」之名開館,發展至今,館內展示著日本的放送歷史,從聲音廣播開始,發展至電視影象,甚至現在還有衛星傳輸、數位播放等,在NHK放送博物館內,便可以看見整個歷史的演進過程,與相關的各項文物。

推薦中二樓的主播台體驗,電視新聞主播如何看稿、氣象主播站在藍幕前為何看電視影像會有豐富動畫等,由實際體驗來增加電視台幕後小知識。

哆啦虎門／トラのもん

這隻與哆啦A夢宛如孿生兄弟的哆啦虎門,是藤子·F·不二雄公司所設計的吉祥物,來自22世紀的貓型商業機器人,外型幾乎與哆啦A夢一樣,但牠泉深為雪白,而身上只有幾條黑色的老虎斑紋,頭上還多了對可愛的貓耳朵,有許多哆啦A夢迷特地來這就是為了見牠一面!

與其相接的6000平方公尺的綠意室外空間,以及室內灑滿陽光的開闊中庭,為這裡增添不少浪漫氣息。

1~4樓為商店及餐廳進駐的樓層,

虎之門Hills

如何前往

地下鐵虎ノ門駅徒步5分,神谷町駅徒步6分

info

⌖港區虎ノ門1-23-1~4 ☎03-6406-6665 ⏰依店家而異 ⊘不定休,虎之門Hills森塔休1/1~1/3 ⊕toranomonhills.com/ja/

　以2020年東京奧運為契機,日本都市再更新計畫的領頭羊「虎之門Hills」於2014年6月11日開幕,由東京都政府與森集團合作開發,複合式大樓內集結了餐飲、高級飯店、辦公室與住宅。

看得到鐵塔風景的高級餐廳、地道的日式美食，意外地附近好吃的也不少呢！

 Sky Lounge Stellar Garden

酒吧

TOKYO
TOWER調酒
¥2100
推薦菜

The Prince Park Tower Tokyo 33F

Stellar Garden 的大扇落地玻璃窗，是離東京鐵塔最近且毫無視線遮蔽的地點，夜深之後，窗外閃爍的東京鐵塔搭配一杯微醺調酒，是最有東京氣氛的大人享受。名為「TOKYO TOWER」的調酒，以雪樹伏特加為基底，加入柑橘、紅蘿蔔等，創作出和夜裡東京鐵塔相同的暖橘色調。

P.86A2 The Prince Park Tower Tokyo 地下鐵芝公園駅徒步3分，御成門駅徒步5分，赤羽橋駅徒步2分，大門駅徒步9分 03-5400-1154 17:00～23:00，例假日17:00～凌晨0:00(L.O.23:00)，例假日15:00～24:00(L.O.23:30)

Brise Verte

法式料理

午餐
¥5000起
推薦菜

The Prince Park Tower Tokyo 33F

位於高級飯店33樓的法式餐廳Brise Verte，大面玻璃窗外就是以芝公園為前景、高樓處處的東京市內風景，遠處還能望見東京灣的彩虹大橋。午餐時段提供的套餐價格實惠，包含完整的沙拉、前菜或湯品、主菜和飲料，是都內價格較合理的法式午餐選擇。

P.86A2 The Prince Park Tower Tokyo 地下鐵芝公園駅徒步3分，御成門駅徒步5分，赤羽橋駅徒步2分，大門駅徒步9分 03-5400-1154 早餐7:00～10:30(L.O.10:00)，午餐11:30～14:30(L.O.14:00)，晚餐17:30～22:00(L.O.21:30、套餐L.O.21:00)

鰻魚飯
¥2300
推薦菜

野田岩

鰻魚飯

🏠 港區東麻布1-5-4

野田岩鰻魚使用傳統烹調法，先烤再蒸，沾上醬汁之後再烤，每個步驟都馬虎不得，而烤出來的鰻魚香甜鬆軟，光聞味道就叫人垂涎，也是東京高級鰻魚飯的代表之一。特別的是，野田岩率先引進鰻魚飯和紅酒搭配的飲食風格，所以店內亦備有近20種紅酒供顧客挑選。

📍P.86A2 🚇地下鐵赤羽橋駅徒步5分 ☎03-3583-7852 🕐11:00~13:30，17:00~21:00 🚫週日，夏季不定休，日本新年 🌐www.nodaiwa.co.jp

Le Pain Quotidien

麵包／早午餐

半熟卵
とブレッド盛り合わせ
（半熟水煮蛋與綜合麵包）
¥450
推薦菜

🏠 港區芝公園3-3-1

Le Pain Quotidien在法文中指的是「每日食糧」，正因為是每天都要吃的東西，這裡的麵包使用有機麵粉與天然酵母，用最單純食材突顯出最簡單的美味。店內的桌子大多都是大長桌，就是創始人希望讓來自各地的人們共同坐在同一張桌子前，共同享受美味麵包。

📍P.86A2 🚇地下鐵芝公園駅徒步2分，御成門駅徒步1分 ☎03-6430-4157 🕐7:30~22:00(L.O.21:00) 🌐 www.lepainquotidien.jp

菓子工房ルスルス

蛋糕

蛋糕捲
¥426
推薦菜

🏠 港區東麻布1-28-2

坐落在公園旁的小白色工房ルスルス一個禮拜只營業3天，小小的店裡一次只能走進兩個客人，卻依然吸引不少人心甘情願地排隊等候。新鮮現作的各種點心口味單純而美味，除了曾得過獎的各式餅乾外，很推薦口感酥脆內餡又充滿甜蜜香草味的泡芙，小櫃裡也不時會有沒見過的新點心。

📍P.86A2 🚇地下鐵赤羽橋駅徒步1分 ☎03-6424-5662 🕐12:00~20:00，週六12:00~18:00 🚫週日~週三 🌐www.rusurusu.com

東京鐵塔：用餐選擇

零距離接觸經典建築景觀，可以逛街美食，也可以探訪　　　典藏美術作品

造訪六本木理由
1 高空美景能欣賞東京鐵塔名風景
2 拍照打卡，藝術大街件件經典
3 劇場酒吧，夜生活精彩絕倫

森塔是六本木的象徵地標，除了進駐吃喝玩買的設施外，位在53樓的森美術館、52樓的TOKYO CITY VIEW更是必訪。

六本木

◉ MAP P.97 六本木
ろっぽんぎ／Roppongi

　　過去聚集酒吧和娛樂場所，異國風味甚濃的都會區六本木，2003年經過大規模再開發計畫後，誕生了全新打造的城中城——六本木Hills，帶領六本木走向高格調與精緻化的新風格。2007年，與六本木Hills隔路相對的Tokyo Midtown在新一波造鎮計畫中成立，以六本木深厚的文化底蘊作為基礎，著眼藝術、設計、時尚與品味，使得Midtown與六本木整體都成為日本設計潮流最新發信地。

至少預留時間
逛逛六本木hills、東京中城
2小時
六本木hills+森美術館+展望台
3~4小時

東京地下鐵日比谷線、都營大江戶線
【六本木駅】
東京地下鐵南北線【六本木一丁目駅】
東京地下鐵千代田線【乃木坂駅】

來到六本木，絕對不能錯過森塔上的TOKYO CITY VIEW的精彩風景。沿著展望窗的四周貼心地設置長椅，最搶手的莫過於面對著東京鐵塔的座位。

21_21 DESIGN SIGHT地下一層樓的清水模建築，由當代日本建築大師安藤忠雄及服裝設計師三宅一生共同創作。

怎麼玩六本木才聰明？

逛美術館

森美術館、SUNTORY美術館以及國立新美術館被譽為藝術金三角，這三間美術館合作，只要購買其中一家門票，憑票根至其他兩家美術館都可享有優惠，若有時間，又對美術展覽有興趣的人可千萬不能錯過。

巡遊戶外裝置藝術

六本木位在東京的文化中心地段，除了有許多美術館在此設立之外，六本木Hills、東京中城等地也請來知名藝術家，在其設施周邊立上許多裝置藝術，讓藝術走入人們的生活裡，更加親近、有溫度。詳見P.93、P.95。

Do YOU KnoW

日本離地表最深的地鐵站

熟悉東京的人，應該都知道都營大江戶線是一條挖得極深的地鐵路線，而最深的車站，就是都營大江戶線的六本木駅。車站月台離路面有42.3M，大概有10層樓的深度。

六本木聖誕點燈

十二月的東京街頭，到處充滿了聖誕氣息，其中最經典的點燈地點就是六本木Hills旁欅坂（けやき坂）的點燈了。約400公尺長的道路兩側以「snow & blue」為主題，點綴著夢幻的藍白燈光，道路盡頭就是暖紅色的東京鐵塔，是超熱門的拍照景點。每年的點燈期間約從11月上旬～12月25日、每天17:00～23:00。另外從11月底～12月25日，在森塔前的大屋根廣場上還有來自德國的傳統聖誕市集喔！

六本木地名由來

六本木的地名由來諸說紛紜，有人說因為早期有六棵松木立在此處，故以此命名。而根據歷史記載，這一帶早期有青木氏、一柳氏、上杉氏、片桐氏、朽木氏、高木氏等六位大名的屋敷，因而被人暱稱為六本木。

來到六本木，地標森塔是人人的首逛目標，結合區域內廣大賣場，時尚流行齊聚一方

MAP
P.97
A2

六本木Hills

如何前往

地下鐵六本木駅1C出口直結

info

☎03-6406-6000 ⊕港區六本木6-10-1

⊘商店11:00~21:00，餐廳11:00~23:00(依店舖而異) ⊕www.roppongihills.com

　2003年4月25日，六本木Hills在東京都心六本木區域誕生，以54樓超高層摩天樓為中心，呈圓弧狀展開的複合式建築裡雲集購物、美食、電影院、日式花園、電視台、展望觀景台、商務中心、高級公寓，以及世界一流的頂級飯店。2008年，六本木Hills大幅度更新所有商店與餐廳，為六本木引入嶄新氣象。

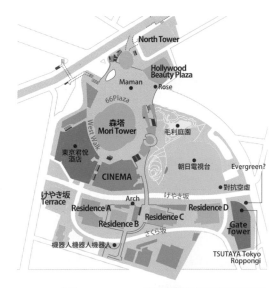

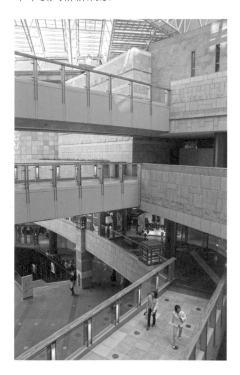

毛利庭園

六本木Hills除了摩天高樓、住宅群等建築，還包含公園綠地，優雅的毛利庭園坐落在城市右側。從江戶時代大名庭園變身的公園被綠意所包圍，中央是一片大池塘，在春天早開的櫻花間粉蝶飛舞，這片春意盎然的城市即景映照在槇文彥設計的朝日電視台玻璃牆上。

⊕六本木Hills內

朝日電視台

朝日電視台是許多知名節目及人氣日劇的推手，如《MUSIC STATION》、《男女糾察隊》、《Doctor-X》、《相棒》等，來到這裡不僅可以在入口處旁的商店購買周邊商品，在現代感十足的挑高大廳內，還有許多讓人興奮的日劇海報、熊貓外型吉祥物ゴーちゃん(gochan)的可愛雕像及《哆啦A夢》中大雄的房間可拍照合影，累了還可以在咖啡廳CHEZ MADU歇歇腿。

☎03-6406-1111 ⊕六本木Hills內 ⊘9:30~20:30，賣店10:00~19:00 ⑤免費參觀 ⊕www.tv-asahi.co.jp/hq/

六本木：必看景點

TOKYO CITY VIEW

海拔250m的高處，透過高達11公尺的落地窗，東京全景以360度絢麗之姿在腳下無限延伸。日落時分東京鐵塔綻放出璀璨光芒，景色之美掀起眾人的陣陣驚嘆。另外加500日幣則可以到更高樓層的Sky Deck。

☎03-6406-6652 ⊙六本木Hills森タワー 52F ▽
10:00~22:00(入館~21:30)，Sky Deck11:00~20:00(入館~19:30) $大人￥2200，高中大學生￥1600，小孩￥1000(含森美術館入場門票) ⊕www.roppongihills.com/tcv/jp

roppongi hills ART+DESIGN STORE

roppongi hills ART+DESIGN STORE裡面賣的是六本木Hills專屬的限定商品，如印著六本木圖案的巧克力盒、毛巾、T恤、文具，或是名插畫家村上隆和奈良美智所設計的文具、繪本、玩偶與雜貨，都十分具有收藏價值。此外還販賣有豐富的設計美術類專門書籍及生活用品，是不容錯過的紀念品專賣區。

☎03-6406-6280 ⊙六本木Hills West Walk 3F ▽
11:00~21:00 ⊕www.macmuseumshop.com

TSUTAYA Tokyo Roppongi

各地都有的TSUTAYA起了新變化；六本木店以「都市人一天的生活」為主題，將選書分為工作、旅行、服裝、飲食、生活、玩樂六大項，大坪數空間結合家居設計，營造出生活質感，架上圖書皆可隨意取下閱讀，而1樓則結合星巴客，讓人能更輕鬆自在的閱讀、喝咖啡，2樓則是DVD、CD等影音資訊。

☎03-5775-1515 ⊙六本木Hills keyakizaka dori 1、3F
▽7:00~23:00 ⊕real.tsite.jp/ttr/

藝術品散步

「Maman」／Louise Bourgeois
蜘蛛的巢有象徵網路(Web)的意思，而六本木Hills就恰恰位在東京交通樞紐山手線的中央地區，蜘蛛正代表著六本木Hills為城市網路的中心點，來自世界各方的人在此匯集與交流。

「Rose」／Isa Genzken
66廣場上的薔薇彷彿愛與美的象徵，盈盈而立於森大廈旁，豔紅的花朵含苞待放，纖細優雅的枝葉平衡地伸展著，到了夜晚還會打上燈光，更顯景色浪漫動人。

「Evergreen?」／Ron Arad
24根管子扭轉成代表無限大的符號，上面攀爬了綠色的植物，是喜好有機彎曲的以色列工業設計師Ron Arad的作品。

「Arch」／Andrea Branzi
行人道與馬路間有個白色的窗櫺，頂上有燈、桌上還擺著檯燈，宛若窗窗對望街景，Andrea Branzi企圖表達「設計與建築之間」。

「機器人機器人機器人」／崔正化
韓國空間設計師崔正化將其童心轉化在這座以「機器人」為題材的兒童遊樂場上，有機器人頭堆成的積木柱子，也有彷彿零件般的彩色溜滑梯。

「對抗空虛」／宮島達男
朝日電視台與馬路的交差口上有一面弧形的玻璃螢幕，牆面上有6個數位體數字連續浮現，晚上顯得格外醒目，是科技藝術家宮島達男的創意。

結合生活、藝術與購物的東京中城，有著讓人不得不訪的神奇魔力，精選的品牌、舒適的綠意環境，將東京商場帶入新紀元

FUJIN 風神
Fragment No.5
The Fanatics
SANJIN 山神
區立檜町公園
21_21 DESIGN SIGHT
六本木通
Midtown Garden
Atrium
Midtown Tower
Galleria
Canopy Square
Midtown Plaza
Midtown West
Midtown East
意心歸(B1)　妙夢
BLOOM
外苑東通

MAP P.97 A1

東京中城
Tokyo Midtown

如何前往
都營大江戶線六本木駅8出口直結

info
☎03-3475-3100　◎港區赤坂9-7-1
◷商店11:00~20:00，餐廳11:00~21:00(依店舖而異)
⊗1/1，其他依店舖而異
⊕www.tokyo-midtown.com

　由日本不動產龍頭三井建立了城中之城－東京中城，其絕妙的空間構成，散發出來的是「和」的自然韻律，現代摩登與和樂之美的精湛揉合，Midtown成為商業、住宅、藝術、設計的樞紐重鎮，展現出東京進化演變的最新指標。

 21_21 DESIGN SIGHT

延續三宅一生享譽國際使用「一塊布」的日本和服美學意識，使用一塊鐵板如折紙般折下作為屋頂，百分之八十的空間埋在地底下，不破壞周邊自然景觀，與大自然共存共生。展覽內容以設計為主，希望和參觀者一同發掘生活角落中充滿驚喜的設計新視野。
☎03-3475-2121　◎港區赤坂9-7-6　◷11:00~19:00(入館~18:30)　⊗週二，年末年始，換展期間　⑤大人￥1200，高中生￥500，國中生以下免費　⊕www.2121designsight.jp

MUJI

喜歡無印良品的人來這裡可能會感到驚訝,因為Tokyo Midtown要求無印良品呈現一種嶄新的店舖形式,無論是服飾、生活飾品或家具,通通以符合Tokyo Midtown的成熟質感出現,當然數量稀有的商品價格也比一般的無印良品略高,喜歡展現獨特自我的人可以選擇。

☎03-5413-3771 🏠Tokyo Midtown Plaza B1 ▼ 11:00~21:00 🌐www.muji.com/jp/

pâtisserie Sadaharu AOKI paris

透明櫥窗中展示著像藝術品一樣精雕細琢,又讓人口水直流的精美法式點心,看了忍不住要「哇」地讚嘆。由法國糕點名廚青木定治巧手手製作,雖然價格不便宜卻怎樣也想掏腰包嚐上一口,店裡還有提供餐點與紅酒的輕食餐廳。

☎03-5413-7112 🏠Tokyo Midtown Galleria B1 ▼11:00 ~21:00 💰甜點約￥450起 🌐www.sadaharuaoki.com

「意心歸」／安田侃
位於B1,經過數十億年的地球光景所孕育出來的堅硬白色大理石,流暢的線條與明暗交錯的陰陽意象,讓人幾乎可以聽得到太古生命的胎動。

「妙夢」／安田侃
位於1F廣場的另一尊雕塑作品,黑色的石材有著夢幻流暢的線條,在太陽光的照射之下,照映出光影層次,將人們的夢境一個又一個包圍在中心虛無的圓環當中。

「Fragment No.5-Caverna lunaris-」／Florian Claar
金屬的質感,卻有著變形蟲般蠕動的身軀,以及冰冷機械的骨架,破碎的流動感。現實生活與科技的神話,逐漸失去了分隔的界線。時空飛梭與空間錯置,交錯的意識開始變形。

「SANJIN 山神」「FUJIN 風神」／高須賀昌志
「山神」的靈感來自東方最傳統的紋樣,將佛教中卍字轉化為可以讓兒童遊玩的溜滑梯;「風神」的創意則源於源氏香,藉此展現日本的美學意識形態。

「BLOOM」／Shirazeh Houshiary & Pip Horne
位於通往國立美術館方向街道上的「BLOOM」充滿著透明、無重力感,彷彿在開放的草原上解放想像力,讓日常生活多了些許變化,讓思考任意奔馳。

「The Fanatics」／Tony Cragg
層層疊起的金屬泡沫,映照著人們的夢想與慾望,巴比倫通天塔的毀滅預言,孕育了人類創作想像的奔馳。層層堆砌與崩毀,結構與泡沫,推上天際的夢幻天塔何時墜落?

藝術金三角

六本木Hillls的森美術館、Midtown內的SUNTORY美術館以及國立新美術館，三家重量級的美術館在六本木形成了撼動東京藝術版圖的黃金組合，被藝術界譽為「藝術金三角」。另外，設計方面也有Midtown的21_21 DESIGN SIGHT及Tokyo Midtown DESIGN HUB，為六本木區域注入繽紛的藝術脈動。

國立新美術館

由鼎鼎大名的黑川紀章所設計的國立新美術館，室內隨著光線的游移遞嬗出不同層次的光影表情，整間美術館彷彿有著自己的生命般地在呼吸。不只展出古今中外的繪畫及雕刻作品，並將觸角擴展到與你我息息相關的現代藝術，像是結合建築設計與時尚之美的作品。

🚇地下鐵乃木坂站6出口直結 ☎03-5777-8600 🏠港區六本木7-22-2 ⏰10:00~18:00(入館~17:30)，展覽期間週五~20:00(入館~19:30) 🚫週二(遇假日順延)，年末年始，維修日 💲門票依展覽而異 🌐www.nact.jp

由金沢老舖「不宝屋」開設的咖啡館裡，可以品嚐純和風日式便當。

可動式的桐木縱格與日本傳統的和紙來沒有被使用在這些材料，建築中的巧妙運用與透過限吾的空間，展現出前所未有的整合之美。

由一片片玻璃所組合成有如波浪般的外牆，完美詮釋了與周邊森林共生共存的意象。

法國廚神Paul Bocuse在半空中的圓形高塔上開設餐廳，美食與藝術的結合，更增添了國立新美術館的話題性。

SUNTORY美術館

1961年在東京丸之內開館的SUNTORY美術館，在2007年搬入Midtown內，承繼開館45年以來「發覺生活中之美」的基本理念，展出繪畫、陶瓷器、漆工藝、染織品等日本古美術品共三千多件，包含日本國寶一件與重要文化財十二件，展現日本傳統生活的用具之美。

🚇都營大江戶線六本木駅8出口即達東京中城 ☎03-3479-8600 🏠港區赤坂9-7-4 東京中城 Galleria3F ⏰10:00~18:00，週五~六10:00~20:00(入館~閉館前30分) 🚫週二，年末年始，換展期間 💲依展覽而異，國中生以下免費 🌐www.suntory.co.jp/sma

森美術館

森美術館位在六本木Hills象徵的森塔頂層，以現代藝術為展覽主題，除了世界性的藝術家作品外，也積極的發掘與支援亞洲地區的年輕新進設計者，展出內容十分前衛且充滿原創力，舉凡時裝、建築、設計、攝影、影像等各種形式的展覽都會在這個當代美術館中出現。

森美術館以現代藝術為展覽主題，除了世界性的藝術家作品外，也積極的發掘與支援亞洲地區的年輕新進設計者。

美籍建築家Richard Gluckmanh採用玻璃、砂岩與超輕量鋼材，在這距離東京天際最近的森大樓頂層營造出現代藝術空間。

🚇地下鐵六本木駅1C出口即達六本木Hills ☎03-5777-8600 🏠港區六本木6-10-1六本木Hillsタワー 53F ⏰10:00~22:00，週二~17:00(入館~閉館前30分) 💲依展覽而異 🌐www.mori.art.museum

順遊景點

除了充滿藝術氣息的兩大設施之外，快來看看附近還有什麼有趣景點

男性、女性，還有第三性的舞者配合華麗炫目的聲光特效。

 **六本木金魚**

如何前往
地下鐵六本木駅徒步5分

info
☎03-3478-3000 　⚲港區六本木3-14-17
18:00~24:00；秀場時間第1場18:00起，第2場
21:00起 　休週一 　⚫秀場門票￥5500，加食物
￥700起、加飲料￥700起，再加20%服務費。
www.kingyo.co.jp

　入夜後的六本木可是越夜越美麗。特別是「六本木金魚」歌舞秀以妖媚華麗的歌舞表演，成為東京夜晚最受矚目的異色焦點。在三層樓高的舞台載歌載舞，舞者一會從牆壁中鑽出，一會又從高空跳出。一場約為一小時的表演，保證讓你驚嘆連連，絕無冷場。

六本木

A 氷川神社
乃木神社
Metro千代田線
21_21 DESIGN SIGHT
檜町公園
絞利亞大使館
SUNTORY美術館
東京中城 Tokyo Midton
國立新美術館
FORTY NINER
⑦ ABBEY ROAD
The b Roppongi
HUB 六本木
King George 六本木店
② ③
⑯⑲
六本木 金魚
唐吉訶德六本木店
HUB 六本木2号店
六本木農園
六本木Hills
東京君悅酒店
毛利庭園
朝日電視台
Maison Landemaine
LE BOURGUIGNON
Starbucks
TSUTAYA TOKYO ROPPONGI
奧地利大使館
麻布かりんと
永坂更科布屋 太兵衛
麻布 野菜菓子

◎景點 ◎餐廳 ◎酒吧
Ⓗ飯店 Ⓗ神社 ◎公園
◎咖啡廳 ◎美術館

除了秀場門票外，每人最少要點1道菜和1杯飲料。

ABBEY ROAD

MAP P.97 A1

如何前往

地下鐵六本木駅徒步3分

info

☎03-3402-0017 ⊙港區六本木4-11-5 六本木

大樓ＡＮＮＥＸ Ｂ1 ⊙

18:00~23:30，演出19:30

起，每日4場 ⑤視演出團

體而定，￥2300起 ⊙

www.abbeyroad.ne.jp

餐廳以小舞台為中心，每個座位都可以清楚地看見表演，牆壁上

裝飾的海報、照片、畫像，擺明了這家主題BAR的賣點就是披頭四。每天從19:30開始每隔一小時有一場現場演唱，共四~五場，也可以挑選自己喜歡的披頭四歌曲讓樂團為你演唱。

HUB酒吧標榜「再現英國酒吧」風格。

HUB roppongi

MAP P.97 A1

如何前往

地下鐵六本木駅徒步3分

info

☎03-5414-2170 ⊙港區六本木5-2-5鳥勝ビル

B1 ⊙17:00~凌晨2:00，週五~六17:00~凌晨

5:00，週日17:00~凌晨1:00 ⑤生啤酒￥350起

HUB酒吧在六本木的入口非常小，這裡的HAPPY HOUR比一般的酒吧早(17:00~20:00)，時間內所有雞尾酒都是半價，種類多達30種以上。下酒小菜、炸章魚、辣魚子義大利麵等，頗為配合日本人的口味，可以試試充滿英國味的啤酒，入口味道較香醇。

用餐選擇

六本木匯集各地美食，想要吃和食、洋食、中式，包準你一定能夠大大滿足

南翔饅頭店

中華料理

🏠 六本木 Hills Hillside 1F

南翔饅頭店是上海最知名的小籠包老舖，位在上海的老店是各界政要經常光臨的極品美食餐廳，連前美國總統柯林頓都曾是座上客。使用上等精選餡料，與秘傳方法特調的麵皮，蒸製的時間更是抓得恰恰好，使剛出籠的湯包的食感絕妙無比！

📍P.97A2 六本木Hills 🚇地下鐵六本木駅1C出口即達六本木Hills ☎03-5413-9581 🕐週日~二11:00~23:00(L.O.22:00)，週三~六11:00~23:30(L.O.22:30) 🌐nansho-mantouten.createrestaurants.

IDÉE CAFÉ PARC

咖啡廳

季節水果蛋糕
(季節のフルーツショートケーキ)
¥500
推薦菜

🏠 Tokyo Midtown Galleria 3F

從Midtown3樓的IDÉE CAFÉ PARC，可以看到中庭空間，用上千片的玻璃所搭建起來的屋頂，像是個巨大的雕塑作品。由生活設計精品家具IDÉE所經營的這間咖啡廳，在裝飾物品的搭配上饒富趣味，簡單享受一杯紅茶的優閒時光，就可以在當代設計精品當中找到生活中的小幸福。

📍P.97A1 Tokyo Midtown 🚇都營大江戶線六本木駅8出口即達東京中城 ☎03-5413-3454 🕐11:00~21:00 🌐www.idee.co.jp

鮮肉小籠湯包
6個
¥864
推薦菜

鈴波定食
¥1296
推薦菜

鈴波

日式料理

🏠 Tokyo Midtown Galleria B1

説到大和屋的守口漬，在名古屋可是赫赫有名。而鈴波則是大和屋秉持傳統工法推出的酒粕漬魚品牌。將肥嫩的鱈魚、甘鯛、鮭魚放到特製味琳酒粕醬中醃漬入味，讓肉質變得香甜Q嫩，帶出迷人風味與口感。

📍P.97A1 Tokyo Midtown 🚇都營大江戶線六本木駅8出口即達東京中城 ☎03-5413-0335 🕐賣店11:00~21:00；用餐處平日11:00~15:30、16:30~21:00，週末例假日11:00~21:00(點餐~打烊前30分) 🌐www.suzunami.co.jp

Brasserie Paul Bocuse Le Musee

法式料理

午餐
¥2376 起
晚餐
¥4104 起
推薦菜

🏠 國立新美術館3F

位在國立新美術館裡倒圓錐體頂端的Brasserie Paul Bocuse Le Musée，是米其林三星名廚保羅·博庫斯開設，從名稱就可看出，是比較輕鬆隨意的場合，不必盛裝就能進入。每天不到中午就有很多人在外排隊，原來是為了每天中午數量有限的超值套餐，幾乎是平常的半價。

📍P.97A1國立新美術館　🚇地下鐵乃木坂駅6出口即達國立新美術館　☎03-5770-8161　🕐午餐11:00～16:00，晚餐16:00～21:00(L.O.19:30)，週五晚餐16:00～22:00(L.O.20:30)　🈺週二(逢假日順延)，年末年始

LE BOURGUIGNON

法式料理

午餐套餐
¥2500 起
推薦菜

🏠 港區西麻布3-3-1

LE BOURGUIGNON位於六本木Hills斜對角，餐廳外是個綠意盎然的庭園，內部則以黃色系帶出溫暖的感覺。菊地主廚擅長使用當季美味，內臟料理是本店的特色，將牛心、豬腦等內臟配合大量蔬菜烹調，讓向來有點懼怕內臟料理的日本人也能甘之如飴。

📍P.97A2　🚇地下鐵六本木駅徒步10分　☎03-5772-6244　🕐11:30～15:30(L.O.13:00)，18:00～23:30(L.O 21:00)　🈺週三、第2個週二　🌐le-bourguignon.jp

永坂更科布屋太兵衛

蕎麥麵

御前そば
(御前蕎麥麵)
¥860
推薦菜

🏠 港區麻布十番1-8-77F、8F

位於麻布十番的蕎麥麵老舖，創業於寬政元年，經營的歷史已經超過了兩百年以上，曾經進奉給德川將軍，是經過歷史考驗的御用美味。堅持只使用蕎麥粒的蕊心磨成粉後手工製成，纖細淡薄的優雅口味，提供甜味以及辣味兩種不同的沾醬，並且附贈煮蕎麥麵的麵湯。

📍P.97A2　🚇地下鐵麻布十番駅徒步3分，地下鐵六本木駅徒步15分　☎03-3585-1676　🕐11:00～21:30(L.O.21:00)　🌐www.nagasakasarasina.co.jp

麻布野菜菓子

和菓子

野菜最中 (9入)
¥3082
推薦菜

🏠 港區麻布十番3-1-5

原服裝設計師花崎年秀，以美味的日本產蔬菜為主題，創意融合和洋元素，打造品牌「麻布野菜菓子」，展現野菜菓子的新魅力。其中最受歡迎的「野菜最中」，創造多樣食感，可愛美觀，十分賞心悦目。

📍P.97A2 ☎03-5439-6499 🕐11:00~19:30，週日例假日 10:30~19:00 休週二 💻www.azabuyasaigashi.com

麻布かりんと

和菓子

かりんと (花林糖)
¥1180起
推薦菜

🏠 港區麻布十番1-7-9

花林糖專賣店「麻布かりんと」，在簡單配方加入草莓、肉桂、生薑、溫州蜜柑、卡布其諾等各式和洋素材，新創約50種花林糖口味，以色彩繽紛的小紙袋或小方盒分裝，創造花林糖的時尚新形象，是東京最受歡迎的伴手禮之一。

📍P.97A2 ☎03-5785-5388 🕐11:00~18:00 休每月第2個週二 💻www.azabukarinto.com

Maison Landemaine Tokyo

麵包

baguette (法式棍子麵包)
¥180起
推薦菜

🏠 港區麻布台3-1-5

由麵包職人石川芳美與其法籍丈夫共同打造的Maison Landemaine進軍東京的店面走簡潔大方的風格，一踏入店舖，首先吸引目光的，是鋪上種類多樣的各式麵包和手工餅乾，附設的餐廳也可以品嚐早午餐、咖啡等，可坐下來休息品嚐。

📍P.97A2 ☎03-5797-7387 🕐8:00~18:30 💻www.maisonlandemainejapon.com

六本木：用餐選擇

雄偉的鳥居、神社吸引目光以外，
廣大的內苑更是原宿一帶的重要綠地

王牌景點 8

一般遊客其實無法進入正殿，只能在外殿參拜。

造訪明治神宮理由

1 東京最有人氣宗教勝地

2 原宿、表參道、青山順遊好時尚

3 廣大森林綠地，早起散步神清氣爽

明治神宮

明治神宮
めいじじんぐう／Meiji Shrine

MAP
P.106
A1

明治神宮是為了供奉明治天皇和昭憲皇太后所建，2020年將迎來百年歷史。從原宿駅出來只需1分鐘，轉過神宮橋之後，就會來到明治神宮的入口鳥居。明治神宮占地約73萬平方公尺，內有本殿、寶物殿、神樂殿等莊嚴的建築，御苑裡古木參天、清幽自然，是東京都內難得的僻靜之處。有時幸運還能看到傳統的日式婚禮在這裡舉行，但切記可別打擾了婚禮的進行哦！

明治神宮小檔案
主祭神：明治天皇・昭憲皇太后
落成：1920年
占地：73公頃
例祭：11月3日(明治天皇誕生日)
林地：約有247種17萬株

 03-5777-8600
渋谷區代代木神園町1-1
約5:00~17:00
免費
www.meijijingu.or.jp

 至少預留時間
神宮參拜
1.5小時
逛表參道、原宿
2-3小時

 JR山手線【原宿駅】
小田急小田原線【參宮橋駅】
東京地下鐵千代田線・副都心線
【明治神宮前駅】
東京地下鐵千代田線・銀座線・半藏門線【表參道駅】

明治神宮境遊客眾多，御守是十分好的紀念品。一般日本人在祭拜神宮時並不許願，而是懷著感謝的心情來參拜。

有此一說～

神前式

江戶時代，一般民間的婚禮為「人前式」，邀請親友前來自家，在壁龕掛起信仰的神像，宣示結為夫婦。到了明治時代，大正天皇(當時還是皇太子)在供奉神器的「賢所」前舉行婚禮後，東京大神宮便參考皇室婚禮制定了神前式的禮儀，在民間受到歡迎。我們今日在明治神宮內，常可見到身穿白無垢的新娘與新郎在神官、巫女的領導下走在本殿前，這便是儀式之一。參觀時千萬不要打擾了流程進行。

明治神宮祭拜皇室祖先，境內不時可以看到皇室家徽「菊紋」。

原宿駅已成追憶

原宿以年輕時尚聞名，但舊車站卻是十分迷你，月台只有一座，連駅舍的外觀都復古得可愛。小巧精緻的駅舍建於大正時期，超過100個年頭，復古的造型是觀光客造訪的拍照景點，也被選入關東駅百選，現在已經被拆除，成為大家心中最美的回憶。

Do you Know

明治神宮的森林是天然森林嗎？

第一次拜訪明治神宮，一定會對這裡濃密茂盛的森林留下深刻印象；有趣的是，這片森林並非天然林，而是百年前創立明治神宮時人工造林的成果。當時以「永恆之森」為目標，將日本各地獻給神宮、一共十萬棵樹木栽植於此，在精密的科學計算以及最少的人為干擾下，在時間長流中成長為今日樣貌，目前共有2840種生物的棲息於此，在神宮內苑森林裡，也有可能和狸貓或野鳥偶遇喔。

怎麼玩明治神宮才聰明？

參加祭典

日本的神社每年都會有一定的祭事流程，誰都可以參觀。明治神宮有名的便是每年2月的紀元祭，東京都內的神社請出各神轎，從明治公園經由表參道前來明治神宮本殿前，聲勢浩大。另外像是秋大季中的流鏑馬、代代木的舞等活動，更是認識日本傳統歷史的好機會。詳細年間行事曆可參考：meijijingu.or.jp/event

表參道建築巡禮

步出綠意盎然的明治神宮，可以從神宮御苑一側的丹下健三代表作：代代木競技場開始，沿著表參道一路欣賞妹島和世及西澤立衛設計的Dior、安藤忠雄的表參道hills、伊東豐雄設計的TOD's等世界知名建築大師的作品，經過青山通後的盡頭則是隈研吾設計、結合自然建材、光影與東方氣質的根津美術館。

明治神宮外苑

以1918年落成的聖德紀念繪畫館為中心，在明治神宮外苑廣大的腹地內集結了棒球場、網球場、學校等各種設施，顯得洋風味十足的建築與規劃，與明治神宮內苑的日式典雅風格大相逕庭，別有一番韻味。這裡最知名的就是秋日的銀杏行道樹(イチョウ並木)，四排銀杏樹的枝枒上一片金黃燦爛，美得令人屏息，盛開期間更有熱鬧的銀杏祭，讓前去賞銀杏者可享用熱騰騰的日本小吃。

明治神宮

73公頃的廣大林地中，隨意走走，仔細看看，每一處都有其道理與歷史緣由

夫婦楠

明治神宮本殿旁有兩株高大的楠木，這兩株夫婦楠上繫有「注連繩」，這代表有神明居於樹木之上，據說能保佑夫妻圓滿、全家平安，還可以結良緣，若是想求姻緣的話可別錯過。

鳥居

位在南北參道交會處，有一座原木所製、日本最大的「鳥居」，這座鳥居高12公尺、寬17公尺，柱子的直徑有1.2公尺，重量更達到13噸。據傳，這座鳥居可是由台灣丹大山上樹齡1500年的檜木建成，不僅十分珍貴，更是明治神宮的象徵。

清正井

如果對日本文化稍有了解，看到「清正」二字應該會聯想到熊本藩主加藤清正，清正井傳說就是由他所掘。除此之外，據傳明治神宮建在富士山「氣流」的龍脈之上，而清正井就是吸收靈氣後湧出的泉水，讓清正井成為鼎鼎大名的能量景點。

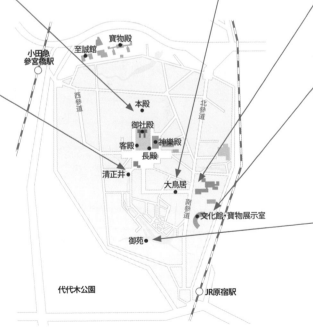

寶物殿
至誠館
小田急參宮橋駅
西參道
本殿
御社殿
客殿　神樂殿
長殿
北參道
清正井
大鳥居
南參道
文化館‧寶物展示室
御苑
代代木公園
JR原宿駅

洋酒桶

參道上可以看到成排的酒桶，除了一般神社所見的日本酒桶，明治神宮內還有整排的洋酒酒桶，十分特別。

據說這是因為明治天皇十分喜愛洋酒，對洋酒也頗有研究，才在日本酒以外更獻上了洋酒。

寶物展示室

位在明治神宮西北側的寶物殿，內部存放著明治天皇的遺物，只是每年只在特定時間開放參觀。平時若想參觀，可改至寶物展示室，一樣能看到精選的物品。

● 9:00~16:30　⑤ 大人¥500

明治神宮御苑

從江戶時代便保存至今的庭園，在明治時代稱為代代木御苑，曲折小徑伴著低矮草木，走在其中特別風雅。每到6月中花菖莆盛開時最是美麗，這時還會延長開園時間，讓更多人能欣賞這一片藍紫之美。

● 9:00~16:30，冬季9:00~16:00，6月中8:00~17:00　⑤ ¥500

參拜方式

1.進入境內時一鞠躬：
從明治神宮的大鳥居開始，便是進入神宮神聖的區域內，此時可以在此一鞠躬以示尊敬。

2.步上參道：
從鳥居的外側進入參道，因為中間是神明的通道，要盡量避免踩踏。

3.洗手漱口：
a.拿起水杓，舀起一杓水。這一杓水就要做完以下全部步驟。
b.先洗左手再洗右手。
c.用左手掌心接水，嗽口，代表身心都經過清水洗濯。
d.將杓子立起，沖淨手柄後放回。

4.參拜：
a.將5円銅幣丟入賽錢箱。5円與「ご緣」發音相似，取其好兆頭。
b.搖殿前的鈴，將神明喚來。
c.合掌，二拍掌，將心中的祈求與感謝向神明表達。
d. 行一鞠躬禮，結束參拜。

Do YOU KnoW

神社、神宮？差別是什麼？

日本神社不僅是當地信仰中心，也是觀光重點，但神宮、大社、宮等「社號」到底有什麼不同呢。

1 **神宮**：主神通常為皇室祖先、天皇，或是對大和平定有顯著功績的特定神祇，最出名的就是祭祀天照大神的三重伊勢神宮。要注意若只講「神宮」二字，那就是指伊勢神宮喔。

2 **大社**：起源當然就是島根的出雲大社，後來也用來稱呼獲得全國崇敬的神社，比如奈良春日大社、長野諏訪大社等，通常是同名神社的本家。

3 **宮**：一般也與皇族有關係，通常是祭祀親王，但有些供俸歷史人物的神社也會稱作宮，比如供奉菅原道真的天滿宮或祭祀德川家康的東照宮。

寫明治神「宮」才是正解

其實明治神宮的正確寫法，應該是把宮寫作「宮」。據說因為早期日本建築並無走廊，所以宮字便不需要中間的這一撇，而明治神宮的正式名稱仍採取此古字，所以來到明治神宮時，看到「宮」時可別以為是錯字哦！

明治神宮附近時尚度破錶，有表參道、竹下通、裏原宿、青山，全部連在一起逛到爆腿都逛不完啊～

MAP P.106 A1

Laforet原宿

如何前往

地下鐵明治神宮前5出口即達，JR原宿駅徒步5分

info

☎03-3475-0411　⊙渋谷區神宮前1-11-6　◉

11:00～20:00　ⓦwww.laforet.ne.jp

　位在明治通和表參道十字路口上的Laforet，圓柱型的外觀早已成了原宿的地標，看起來不算大卻進駐了超過140家店舖，品牌及商品多針對少淑女設計，可說是站在原宿流行的最前端。不只少女服飾，想要了解最IN的流行行頭，千萬別錯過這裡。

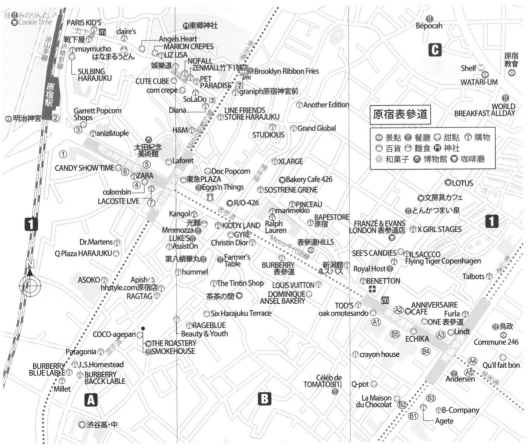

原宿表参道

⊙景點	⊕餐廳	⊕甜點	⊕購物
⊙百貨	⊕麵食	⊕神社
⊙和菓子	⊕博物館	⊙咖啡廳

東急PALZA 表參道原宿

MAP P.106 B1

如何前往

地下鐵明治神宮前5出口徒步1分，JR原宿駅徒步5分，地下鐵表參道駅徒步7分

info

☎03-3497-0418　⌂渋谷區神宮前4-30-3　▾
11:00～20:00，6～7F餐飲8:30～22:00　⊗
omohara.tokyu-plaza.com

　以「只有這裡才有(ここでしか)」「因為是這裡(ここだから)」為中心概念，引進首次登陸日本的新鮮品牌，也邀請受歡迎的品牌在此以不同的型態出店，總計超過25間流行服飾、配件與生活雜貨店舖，

以明治神宮的美麗森林和表參道的欅木為發想，東急PALZA 表參道原宿在6F種植了一片擁抱天空的美麗森林「OMOHARA之森」。

為流行發信地的原宿表參道，掀起另一波時尚話題。

oak omotesando

MAP P.106 C1

如何前往

地下鐵明治神宮前5出口徒步3分，表參道駅A1出口即達

info

⌂港區北青山3-6-1　▾11:00～20:00，依店舖而異　⊗www.oakomotesando.com

　oak omotesando由丹下都市建築與大林組操刀設計外觀、豐久將三負責照明設計、杉本博司擔當內部空間規劃，裡頭店舖為數不多卻都大有來頭，有全日本規模最大的EMPORIO ARMANI，還有旗艦店COACH、NESPRESSO與three dots、咖啡廳K-UNO等。

CUTE CUBE，裡裡外外盡是年輕氣息與繽紛色彩。

CUTE CUBE

MAP P.106 A1

如何前往

地下鐵明治神宮前5出口徒步5分，JR原宿駅竹下通口徒步4分

info

☎03-6212-0639　⌂渋谷區神宮前1-7-1　▾
B1～2F10:00～20:00，3F11:00～21:00(依各店舖而異)　⊗cutecubeharajuku.com

　進駐了10間店舖，有雜貨、餐廳、糖果、流行服飾，其中還有最受少女歡迎的流行休閒服飾スピンズ(spinns)、超可愛的sanrio vivitix，身上的行頭、飲食、伴手禮在這裡一次搞定，可說是最強的少女流行指標。

MAP P.106 B1 **表参道Hills**

如何前往

地下鐵明治神宮前5出口徒步3分，表参道駅A2出口即達

info

☎03-3497-0310 ○渋谷區神宮前4-12-10 ●購物11:00~21:00，週日~20:00，咖啡廳~22:30、週日~21:30，餐廳~23:30、週日~22:30(點餐至打烊前1小時) ⓦwww.omotesandohills.com

表参道Hills是表参道最受注目的購物中心，呈現螺旋狀緩坡設計的內部空間裡，有首次登陸日本的時尚名店及新形態的獨創品牌，包含世界級精品、時尚餐廳、休閒咖啡座、流行服飾等。自從落成以來，表参道上的人潮在平日就像落成前的周末假日般擁擠，而周末假日更是落成前的兩倍多，無論是來逛街購物、品嘗流行，或是純粹來欣賞大師設計，人們走在這似曾相識、陌生卻又熟悉的街道上，過去、現在與未來的呼吸點，透過安藤忠雄的創意構思，又走在同一軌道上。

美觀的地面化下水道，透過流水，點出坡道的延伸感。就連戶外的公共廁所，都是安藤忠雄的作品。

Do YOU KnoW

表参道

明治神宮外面的直線大道就是鼎鼎大名的「表参道」，「表参道」在日本習俗裡是通往神社的參拜道路之稱，而這條從神宮森林中一直延伸至外的寬闊道路經過歲月洗禮早已褪去信仰色彩，搖身一變成為時尚大街，「表参道」這名詞也順理成章地成為路名，化身東京奢華品味的代名詞。

表参道工三's的標誌「参」字，取自於明治神宮的鳥居形象。

表参道Hills一角還表留有一棟與同潤會公寓擁有相同外觀的建築，外牆使用的素材是老建築材料的再生，反映世代的交替與連結。

🎁 UGG Australia

全系列商品完全以天然原料製作，表参道Hills的UGG Australia是全世界第一家專賣店，極度舒適的羊毛皮鞋一定要試穿才能夠體會靴中柔軟溫暖的感覺，從娃娃裝到牛仔褲，都能夠搭配得宜。

☎03-5413-6552 ○表参道Hills 本館B2 ●11:00~21:00，週日~20:00 ⓦwww.ugg.com/jp/

📖 同潤會公寓的老記憶

1923年關東大震災，為了安置流離失所的災民，日本政府籌資在表参道上興建了10棟3層樓共138戶的建築，這是日本最初的鋼筋混凝土公寓，這棟稱為「青山同潤會」的公寓建成後，帶動了周邊的商圈。都市再生時，安藤忠雄以「記憶的再生」、「寄願未來」為理念，說服每一個深愛同潤會公寓的居民代表，允諾會將這棟老公寓的記憶復生。2006年2月，眾所矚目的表参道HILLS在這樣的歷史背景中誕生。

marimekko

MAP P.106 B1

如何前往

從地下鐵明治神宮前駅徒步3分，從表參道駅徒步5分

info

☎03-5785-2571 ◎渋谷區神宮前4-25-18 ⌵
11:00~19:30 價格：基本款帆布包¥16,200 ⊕
www.marimekko.jp

　來自北歐芬蘭的marimekko是創立於1949年的織品設計商，以獨創性十足的現代設計風格，近年來因為復古風潮吹進日本，人氣絕佳的罌粟花圖案躍上服飾、布包或文具用品，皆大受歡迎。

KIDDY LAND 原宿店

MAP P.106 B1

如何前往

地下鐵明治神宮前4出口徒步2分，JR原宿駅徒步7分

info

☎03-3409-3431 ◎渋谷區神宮前6-1-9 ◷11:00~21:00，週末例假日10:30~21:00 ⊕www.kiddyland.co.jp

　來到原宿，KIDDY LAND是絕對不可錯過的寶庫，整層樓擺滿了琳瑯滿目的玩具、娃娃、電玩、流行玩偶的周邊商品，從迪士尼、史努比等歐美人氣玩偶，到熊本熊KUMAMON、懶懶熊、龍貓、Hello Kitty等日系當紅炸子雞，所有最流行、最長青的玩具應有盡有。

Flying Tiger Copenhagen

MAP P.106 C2

如何前往

地下鐵明治神宮前5出口徒步8分，表參道駅A2出口徒步1分

info

☎03-6804-5723 ◎渋谷區神宮前4-3-2 ◷11:00~20:00
⊕www.flyingtiger.jp

　在東京雜貨迷的引頸期盼下，於表參道開設源自丹麥哥本哈根的雜貨鋪Tiger；進入店內，色彩鮮艷的生活小物讓人心花怒放，加上每件約¥100~500不等的平實價格，讓每個人都卯起勁來大力採購，開心地滿載戰利品而歸。

明治神宮・順遊景點

用餐選擇

人氣指標店舖設點首選之地，年輕人最愛的經典美食都在這！

THE ROASTERY
咖啡廳

THE ROASTERY
カフェラテ
(拿鐵)
¥630
推薦菜

🏠 渋谷區神宮前5-17-13

彷彿劇場一般的空間，咖啡職人在圓形的吧檯中操弄著咖啡機與杯盤，磨豆、加熱、一氣呵成，隨著蒸氣「咻！」地冒出，一股濃香彌漫，恰到好處的油脂香氣著輕巧果酸，識貨人都心知肚明，這就是好咖啡的味道。另外，也與烘焙專門店NOZY合作，亦販賣來自世界各地一時之選的咖啡豆。

🅿P.106A1 🚇地下鐵明治神宮前4出口徒步6分 ☎03-6450-5755 🕙10:00~20:00 🌐www.tysons.jp/roastery/

COCO-agepan
麵包

🏠 渋谷區神宮前5-17

原宿CAT STREET一座餐車風格的炸麵包專賣店「COCO-agepan」，吃得到各種原創口味的炸麵包。講究健康取向，使用100%椰子油現點現炸，起鍋後灑上以天然甜菜糖和寡糖製作的糖粉，嚐嚐融合肉桂、黃豆粉、椰子的炸麵包，或原宿限定的豆乳奶油味，柔軟食感和強烈香氣，吸引許多過路行人的佇足排隊。

COCO-agepan
原宿
スペシャル
¥480
推薦菜

🅿P.106A1 🚇地下鐵明治神宮前4出口徒步6分 🕙12:30~18:00 ❌週一、週二及雨天定休 🌐www.coco-agepan.com

Eggs'n Things
美式餐廳

🏠 渋谷區神宮前4-30-2

1974年創立於夏威夷的人氣鬆餅舖Eggs'n Things，其宗旨是「整天都吃得到的早餐店」，店裡還供應早餐、歐姆蛋等鹹食，同樣充滿蛋香。大片鬆餅配上滿滿的草莓，以及10公分高的鮮奶油，和親朋好友一起分食，過癮極了。

Brooklyn Ribbon Fries RAJUKU
Strawberry Whip
Cream w/Nuts
(草莓奶油鬆餅)
¥1380
推薦菜

🅿P.106B1 🚇從地下鐵明治神宮前駅徒步1分，從表參道駅徒步6分 ☎03-5775-5735 🕙8:00~22:30(L.O.21:30) ❌不定休
🌐www.eggsnthingsjapan.com

comcrepe
可麗餅

🏠 渋谷區神宮前1-8-25

來自富山名店的可麗餅焦糖烤布蕾，以職人之手，打造出不同以往的可麗餅美味。東京首家店鋪開在竹下通的巷子裡，現烤美味，有如冰淇淋捲筒般，以軟嫩可麗餅皮捲入各式不同鹹、甜點口味，讓人一口接一口、停不下來。

comcrepe
**可麗餅
焦糖烤布蕾
￥600**
推薦菜

📍P.106B1 🚉JR原宿駅竹下口徒步4分，地下鐵明治神宮前5出口徒步4分 ☎03-6455-4464
🕐11:00~19:00 週三 🌐comcrepe.com

とんかつまい泉 青山本店
炸豬排

とんかつまい泉 青山本店
**黑豚
ヒレかつ膳
(黑豚菲力豬排餐)
￥3100**
推薦菜

🏠 渋谷區神宮前4-8-5

昭和時代建立的雅致洋房，原本是間大眾錢湯，豬排飯名店とんかつまい泉選擇在此做為本店，挑高空間與明亮採光，讓豬排這款庶民小吃，變得講究起來。店裡的豬排號稱柔軟到用筷子就能分開，整片從豬肉片經過拍打去筋，沾裹特製麵包粉後高溫油炸，鎖住美味和肉汁。

📍P.106C1 🚉地下鐵明治神宮前5出口徒步8分，表參道駅A2出口徒步3分 ☎0120-428-485 🕐10:00~18:00
🌐mai-sen.com

茶茶の間
茶／咖啡廳

茶々の間
**茶々パフェ
(茶茶聖代)
￥1500**
推薦菜

🏠 渋谷區神宮前5-13-14

一般市售的日本茶，大多以混合品種烘焙而成，但茶茶の間店主人則深入日本各地產區，精選並生產單一莊園、單一品種茶葉。店內的綠茶十分濃郁，和一般喝的口味有著天壤之別，茶葉品質立見高下。提供超過30種綠茶可以選擇，初學者可以從品飲套餐入門，由店主人精選三種茶並親自沖泡，讓人感受滿盈口腔的茶香。

📍P.106B1 🚉地下鐵明治神宮前4出口徒步5分 ☎03-5468-8846 🕐11:00~19:00 🌐www.chachanoma.com

青山為綠意環繞的高級住宅區，寬敞的大道兩側並列著世界名牌與高質感餐廳，精心設計的建築外觀讓每個轉角都充滿藝術氣息，適合花個下午優雅地漫步閒逛。巷弄中個性小舖與美髮沙龍林立，均流露出非凡的品味。

◎可從明治神宮沿著表參道一路散步而來，約步行10多分即達。
◎東京地下鐵千代田線、銀座線、半藏門線至表參道駅下車即達。
◎東京地下鐵銀座線外苑前駅下車即達。

青山

○景點 ○甜點
○餐廳 ○購物
○百貨 ○神社
○咖啡廳

文房具カフェ
とんかつまい泉
新潟館ネスパス
Flying Tiger Copenhagen
ANNIVERSAIRE CAFE
BENETTON
Talbots
TOD'S
Francfranc
たまな食堂
風花
ONE表參道 Furla
oak omotesando
crayon house
ECHIKA
鳥政
Commune 246
Lindt
Qu'il fait bon
M.H.T.
Q-pot
Andersen
Prada Boutique
Cartier南青山店
青山Ao
Napule
INTERSECT BY
LEXUS TOKYO
Spiral
GHONGROO
Miu Miu
Vivienne Westwood
Max Mara
青南小
Found MUJI青山 agnes b
Yojiyamamoto
La Porte
Aoyama
A to Z cafe(5F)
COUTUME青山店
HATAKE AOYAMA
Nicolai Bergmann Numu
Couronne
Glassarea
青山學院大學
蔦珈琲店
Clinton St. Baking Company
根津美術館
岡本太郎紀念館

 原宿教會

info

☎03-3401-1887 ○渋谷區神宮前3-42-1 ○除了一般的禮拜時間，每週三的12:05～12:30有專門開放給民眾參觀教會建築的「教堂導覽」。 www.harajuku-church.com

純白色外觀有著波浪般造型的原宿教會，因其光影在建築物內的美麗變化而被稱為「東京的光之教堂」，設計師北川原溫將光線透過不同的出口與角度穿透在禮拜堂內，是著名的建築設計經典。

 WATARI-UM

info

☎03-3402-3001 ○渋谷區神宮前3-7-6 ○11:00～19:00 ⊗週一(例假日無休)、日本新年 ⑤成人￥1000，學生￥800 www.watarium.co.jp

WATARI-UM在東京藝文圈是頗有名氣的美術館，自1990年開館以來，被稱為是青山藝術發源地。展出的作品以當代藝術、攝影、建築、設計等和現代感強烈的藝術創作為主，美術館延請到瑞士建築師Mario Botta設計，又有雕刻建築的美稱。

 岡本太郎紀念館

info

☎03-3406-0801 ♔港區南青山6-1-19 ◐
10:00~18:00(入館~17:30) ㊫週二(遇假日開
館),12月28日~1月4日,檢修日 ㊖大人¥650,小
學生¥300 ㊙www.taro-okamoto.or.jp

　岡本太郎為日本極知名的現代藝術家,
其豐沛的創作風格影響現代藝術甚鉅。岡
本太郎紀念館本來是藝術家生前居住和
工作的地方,現在改成紀念館,館外的廣
場上就擺著數個造型特異、活潑趣味的雕
塑,值得好好觀賞。

 **Qu'il fait bon**

info

☎03-5414-7741 ♔港區南青山3-18-5 ◐
11:00~19:00 ㊖季節のフルーツタルト(季節水
果塔)¥860/1片 ㊙www.quil-fait-bon.com

　走入Qu'il fait bon,首先映入眼簾的,是
一個特大的展示櫃,櫃中放著超過20種色
彩繽紛的蛋糕和水果塔,看著琳瑯滿目的
甜點,讓人不知如何挑選。店裡最受歡迎
的,是鮮豔誘人的水果塔,酥脆的塔皮加
上甜度適中的濃香奶油,教人意猶未盡。

蔦珈琲店

info

☎03-3498-6888 ♔港區南青山5-11-20 ◐
10:00~20:00,週末例假日12:00~20:00(L.
O.19:30) ㊫週一 ㊖咖啡¥700 ㊙tsutacoffee.
html.xdomain.jp

　如果不仔細找的話,很難找到這間淹沒
在綠意當中的「蔦珈琲店」。這裡原本是
設計日本武道館的建築師山田守的住家,
現在改建成古典高雅的
咖啡廳,大片落地窗
將庭院的綠意盎然
引入室內,帶給人一
段沉穩寧靜的下午
茶時光。

王牌景點 ⑨

上班族首選聚會地，連藥妝店都開到半夜，
豐富夜生活讓人玩到不想回家

新宿的代表名場所「歌舞伎町」一掃過去的負面形象，現在轉變為新宿庶民美食的集聚地。

MAP P.116
新宿
しんじゅく／Shinjuku

　　新宿位居日本的轉運第一大站，由於交通便利也讓新宿成為百貨大店的兵家必爭之地。而在知名的風化區歌舞伎町之外，新宿車站西側的東京都廳展望台上，可以看見華麗而且免費的東京夜景，新宿御苑為都內賞櫻聖地，車站南面與東面的百貨群更是三天三夜都逛不完呢！新宿同時也是行政中心「東京都廳」的所在地，更是集逛街購物、餐廳、藝術等娛樂於一身的超級景點。

造訪新宿理由
1. 歌舞伎町魅力無限
2. 都庁免費高空景色，東京都心一覽無遺
3. 同時感受大都會的明快腳步，與庶民生活況味

歌舞伎町內還有許多公男公關店，主打帥氣有型的男公關，路過看看就好，沒有大把鈔票可別輕易走進店內。

與新宿駅南口共構的NEWoMan，結合百貨與車站、巴士站，是新宿的話題美食地標！

JR山手線、埼京線、中央總武線、湘南新宿ライン、成田特快線【新宿駅】
小田急小田原線【新宿駅】
京王京王線【京王新宿駅】
東京地下鐵丸之內線、都營新宿線・大江戶線【新宿駅】
西武新宿線【西武新宿駅】
東京地下鐵丸之內線、副都心線【新宿三丁目駅】
都營大江戶線【新宿西口駅】

新宿

☞ **有此一說～**

歌舞伎町的地名由來

二戰之後，新宿街區在戰火中全數焚毀，為了促進地方繁榮，原本計畫以歌舞伎的表演場地「菊座」為首，在此興建電影院、劇場、舞廳等，將這裡打造成專屬於東京市民的娛樂場所。後來，電影院地球座、米蘭座、演歌的殿堂新宿KOMA劇場等陸續完工，但「菊座」建築計畫反而不曾實現，僅有歌舞伎町的名字流傳了下來。

🔊 **哥吉拉出沒！新宿東寶大樓**

於2015年開幕的新宿東寶大樓，結合餐廳、電影院與飯店，8樓還設置了高達12公尺的戶外裝置藝術「哥吉拉頭」，從新宿街頭看過去充滿魄力。目前哥吉拉僅開放飯店住客和8樓咖啡廳的客人參觀，如果想近距離看看哥吉拉，不妨在8樓咖啡廳BONJOUR喝個下午茶，或是入住格拉斯麗新宿酒店的哥吉拉特別房，房間窗外就是哥吉拉！

Do YOU KnoW

世界最繁忙的車站

根據日本的一項調查指出，全球最繁忙的50個車站，光是日本就包了前23名，其中第1名就是「新宿駅」。由於各路線交會(共計12條路線)，加上周邊商業、娛樂設施發展蓬勃，讓進出新宿駅的人數一天可高達340萬人次。

※此為2015年的調查，順道一提，台北車站為第25名。

至少預留時間
走馬看花
3小時
各大百貨血拼購物+美食
半天以上

 善選下車站

◎要前往東京都廳賞夜景，建議搭乘都營大江戶線在都廳前駅下車，從A4出口最快。

◎前往丸井百貨、伊勢丹百貨均由JR新宿駅東口出站。

◎NEWoMan、高島屋百貨、紀伊國屋書店、手創館從JR新宿駅新南口出站。

◎要前往新宿御苑從東京地下鐵丸之內線在新宿御苑前駅下車從1號出口即達。

怎麼玩新宿才聰明？

區分東口與西口 新宿區域可以由JR新宿駅為中心區分為兩部分，一是西口的新宿辦公高樓群，另外則是東口的歌舞伎町。一般來說，西口有較多高樓餐廳，價位較高，而東口則是比較庶民、平價。要逛街的話東口與車站共構的百貨群較優，西口則有都廳的免費景觀台。

新宿東口的貓

在東口廣場前交叉路口紅綠燈處看到超大電視牆廣告，超巨大貓咪現身，對著來往路人喵喵叫賣萌。從這個3D立體廣告牆竄出的巨大花貓，有夠逼真！如今成為新宿代表。

充滿懷舊情調的新宿黃金街

在歌舞伎町一角，有條擠著280間小小酒吧和居酒屋的巷弄「新宿黃金街 (新宿ゴールデン街)」。二戰之後，由一人經營、僅容6、7位客人的酒吧在此紛紛出現，是當時記者、作家和電影人喜愛的場所，直到今天，巷弄裡的木造日式老屋、復古霓虹招牌，以及酒吧中傳出的陣陣談笑聲，仍讓人彷彿在一瞬間墜回了昭和年代。

新宿

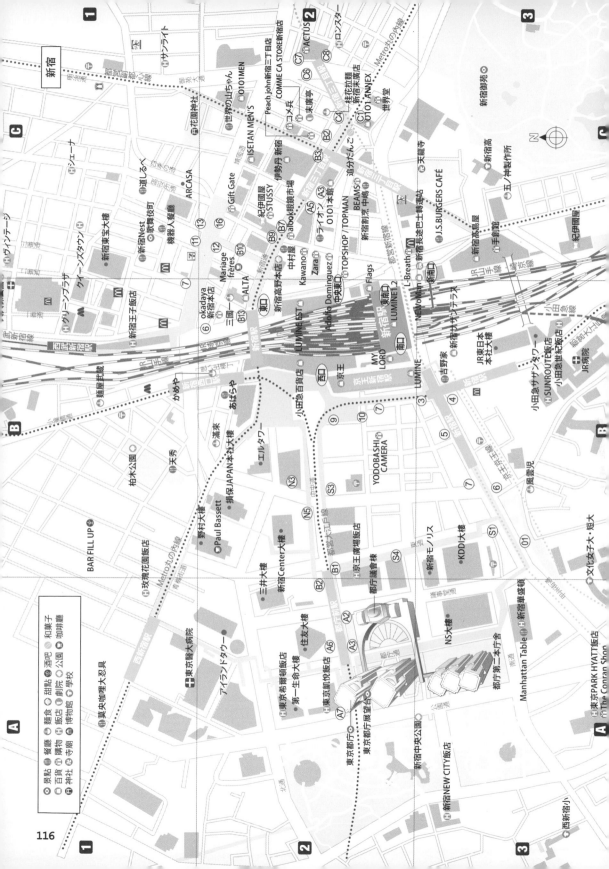

東京最繁華都會區域，庶民與流行交錯的街頭風景

 MAP P.116 C3　**新宿御苑**

如何前往
地下鐵新宿御苑駅2出口徒步5分，JR新宿駅南口徒步10分

info
☎03-3350-0151　⌂新宿區內藤町11
⊙9:00~17:30(入園~16:00)　休週一(遇假日順延)、12/29~1/3　$大人￥500，學生￥250，幼兒免費

　　新宿御苑是明治時代的皇室庭園，受當時西風東漸的影響，融合了法國、英國的風格，美麗而優雅。平日可以看到許多上班族在這裡享用午餐，而春天櫻花盛開時，則成為了東京都內有名的賞櫻勝地。

大片草地、悠閒的池邊空地，不管什麼季節前來，新宿御苑提供人們一個逃出東京繁忙腳步的喘息空間。

想要免費欣賞東京夜景，或是免費觀賞東京繁華的景象，就一定要來一趟202公尺高的東京都庁展望台。

 MAP P.116 A2　**東京都庁展望台**

如何前往
地下鐵都庁前駅直結，新宿駅西口徒步10分

info
☎03-5320-7890　⌂新宿區西新宿2-8-1
⊙北展望室9:30~23:00，南展望室9:30~17:30　休北展望室每月第2、第4個週一，南展望室每月第1、第3個週二
$免費　www.yokoso.metro.tokyo.jp

　　在超高樓層幾乎被辦公空間、飯店、收費展望臺和景觀餐廳佔據的東京，屬於政府單位的東京都庁，不但開放位於45樓的南、北兩處展望室，還規劃了專用電梯和引導人員，方便觀光客造訪。南北展望室中，除了能免費欣賞東京夜景，還附設義式餐廳和紀念品商店，滿足了旅行者可能的需求。

 MAP P.116 B2　**LUMINE**

如何前往
JR新宿駅南口直結

info
☎03-3348-5211　⌂新宿區西新宿1-1-5
⊙11:00~21:30，六日及假日10:30~21:30，餐廳11:00~22:30　www.lumine.ne.jp/shinjuku
盤據新宿南口、與NEWoMan隔著馬路

對望的站體上方建築，是 LUMINE百貨。這裡集結高流行感男女服飾、雜貨、潮流品牌、各式餐廳等，是很多年輕人都愛逛的百貨。

🛍️ NEWoMan

如何前往
JR新宿駅新南口直結，地下鐵新宿三丁目駅徒步3分

info
☎03-3352-1120 🌐
新宿區新宿4-1-6 ⏰TOWER11:00~21:00，駅內8:00~21:00，FOOD HALL 7:00~23:00 🌐www.newoman.jp

　　新宿車站的長途巴士站區域2016年重新整裝後，變成一處結合長途巴士站、計程車招呼站、電車、美食購物商場、戶外花園、托兒所、醫療診所及藝術活動廣場等，超大型的複合式商場，名為NEWoMan，主要分成電車站體正上方4樓以及隔鄰的MIRAINA TOWER的1~7樓。

新宿駅南口的NEWoMan與車站直結又有長途巴士轉運站，可謂新宿駅的南霸天。

NEWoMan 位在4、6、7樓的戶外露台是看新宿高樓群的幽靜秘密基地。

🍴 FOOD HALL

集結5家人氣餐飲的FOOD HALL，雖是共用空間的美食街形式，但卻又各自有獨立區域，裝潢宛如英式酒吧，氣氛誘人之外，引進話題麵包店澤村、新加坡的OysterBar以及壽司店等，無論用餐喝酒都有，最棒的是，體貼旅人需求，從一早的7點開到隔天凌晨4點，讓疲憊旅人隨時補充體力。
⏰NEWoMan新宿南口商場 2F ⏰07:00~23:00

🍴 澤村

來自輕井沢人氣的烘焙餐廳SAWAMURA澤村，也在這裡駐點，店面分為麵包烘焙以及餐廳2個部分，都是能享受澤村美味麵包的地方。運用20多種麵粉來調配運用在不同個性的麵包上，以及4種自家製天然酵母讓口感富有深度，是他麵包美味的秘密。
☎03-5362-7735 🌐
NEWoMan新宿南口商場 2F（FOOD HALL內）⏰
07:00~翌日04:00 💰奶油長棍230，雞肉漢堡520 🌐
www.b-sawamura.com

🔊 可欣賞火車與新宿大樓的戶外花園

新完工的 NEWoMan 複合式大樓商場，一樣不忘提供許多戶外空間及空中花園，讓顧客不論等車空檔或購物都能有自由休憩空間。
共有1F遊步道、3、4、6、7樓空中花園，各有不同空間視覺樂趣。3樓可以看到城市高樓大樓與火車的往返景象。

用餐選擇

除了百貨美食街之外，大街小巷中還有許多經典好滋味，千萬別錯過

J.S.BURGERS CAFE
漢堡

J.S.BURGERS CAFE 酪梨漢堡套餐 ¥920 推薦菜

🏠 新宿區新宿4-1-7 3F

由知名服裝品牌JOURNAL STANDARD所開設的漢堡速食店，近來在東京引起一陣話題。J.S.BURGERS CAFE提供許多口味的漢堡，但其中店員最推薦的就是夾入兩片酪梨的漢堡，香濃的酪梨醬配上清爽的酸黃瓜醬，一同放在厚厚的漢堡肉排上，再夾入鬆軟的麵包中，美味不在話下。

📍P.116C3 🚇JR新宿駅東口徒步5分 ☎03-5367-0185 🕐11:00～21:00，週六10:00～22:00，週日例假日10:30～21:00(點餐至打烊前30分) 🌐burgers.journal-standard.jp/#/

新宿割烹 中嶋
日式料理

新宿割烹 中嶋 午餐 炸竹筴魚定食 ¥880 推薦菜

🏠 新宿區新宿3-32-5 日原ビルB1F

1962年開始在新宿街角營業至今，中嶋即便獲得米其林一星餐廳封號，仍在每天中午推出日幣880元的平價午餐，餐點清一色是竹筴魚定食，包括生魚片、柳川鍋、炸物等選擇。店主中嶋貞治在媒體和飲食界赫赫有名，料理以引出食材最生動的美味為原則，只要食材新鮮優質，搭配的醬料與調理法正確，就是最完美的味覺饗宴。

📍P.116C2 🚇JR新宿駅東口徒步3分 ☎03-3356-4534 🕐11:30～14:00(L.O.13:30)，17:30～21:00(L.O.20:30) 🚫週日例假日 🌐www.shinjyuku-nakajima.com

---

Sarabeth's新宿店
鬆餅／早午餐

🏠 新宿區西新宿1-1-5 Lumine2 2F

Sarabeth's新宿店 班尼狄克蛋 ¥1750 推薦菜

超人氣早餐店Sarabeth's是一間超過30年的老字號，1980年創始人Sarabeth Levine使用家族代代相傳兩百年的古老食譜，製作並販售手工果醬，一步一腳印構築她的早餐王國，直到今日Sarabeth's在紐約擁有10間分店；店內的早餐王者班尼狄克蛋、經典里考塔鬆餅是人氣招牌。

📍P.116B2 Lumine2 🚇JR新宿駅南口即達Lumine2 ☎03-5357-7535 🕐10:00～21:00 🌐sarabethsrestaurants.jp

新宿中村屋

印度咖哩

🏠 新宿區新宿3-26-13
新宿中村屋ビル

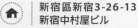
中村屋
純印度式カリー
¥1870
推薦菜

新宿中村屋為專賣印度風味咖哩的新宿老字號餐廳，原本占地6層樓的本店經過整修，成為地上8層、地下2層的複合大樓，不僅擁有中村屋的咖哩餐廳，以及販賣調理包、咖哩麵包、甜點。

📍P.116C2 ☎03-5362-7501(Manna)、03-3352-6167(Granna)依各店鋪而異 🕐10:00~23:00(依各店鋪而異) 🈺1/1 🌐www.nakamuraya.co.jp

あばらや

日式居酒屋

あばらや
蒸し玉ねぎ
(蒸洋蔥)¥420
生ビール
(生啤酒)¥560
推薦菜

🏠 新宿區西新宿1-4-20

與位在東口的歌舞伎町裡的居酒屋比起來，西口的居酒屋感覺較為隱密也較不喧鬧。あばらや店面較小，完全沒有連鎖居酒屋的氣派，但也更能夠感受到在地人的氣息。東京的高物價偏高，而這裡的菜餚相對便宜，且幾乎樣樣都是招牌，樸實簡單的家常料理美味程度沒話說，而來這裡的也大多是常客，觀光客較少。

📍P.116B2 🚃JR新宿駅西口徒步4分 ☎03-3342-4880 🕐18:00~凌晨1:00 🈺週日

五ノ神製作所

拉麵

海老トマトつけ
(鮮蝦番茄沾麵)
¥950
推薦菜

🏠 渋谷區千駄谷5-33-16

五ノ神製作所主打料理為加入味噌的鮮蝦湯頭，以及使用酸甜番茄的鮮蝦番茄湯頭，搭配有彈性的特製沾麵。湯底以雞骨、豬骨長時間熬煮，再加入烤蝦提鮮，瀰漫蝦子的鮮甜，難怪能獲得壓倒性的人氣，假日用餐時間要有排隊1小時的心理準備。

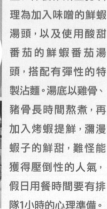

📍P.116C3 🚃JR新宿西口徒步10分 ☎03-5379-0203 🕐11:00~21:00，週六週日11:00~21:00 🌐www.facebook.com/gonokamiseisakusyo

新宿高野本店

水果甜點

新宿高野本店
甜點吃到飽
¥2700
推薦菜

🏠 新宿區新宿3-26-11 B1~B2F

高野是日本著名的高級水果店，發源自新宿，地下兩個樓層販賣與水果相關的商品、使用大量季節水果的創意蛋糕。如果想來點奢侈的味覺饗宴，5樓有採吃到飽形式的水果吧(カノフルーツバー)與單點式水果聖代餐廳(タカノフルーツパーラー)。

📍.116C2 ☎03-3371-5532 🕐樓層各異，約10:00~20:00 🌐takano.jp

年輕活力聚集地，文化設施與次文化衝擊出全新旅行體驗

王牌景點 ⑩

在藍天下，Sunshine水族館裡的海狗或企鵝會在特殊造型、有兩公尺半高的透明環狀水道中曬著太陽。

池袋

● MAP P.123

池袋
いけぶくろ／Ikebukuro

造訪池袋理由

1. 池袋太陽城好逛好玩，待上整天都不厭煩
2. 東京拉麵激戰區，平價美食大飽口福
3. 女生同人小店滿街都是

擁有54個地下街出口的池袋車站是JR、三條地下鐵、東武東上線、西武池袋線等多條交通動線的交會點，利用轉運的人口相當多，因此許多人逛池袋的第一個印象就是——「大」和「多」。而車站內更結合西口的東武百貨、東口的西武百貨以及09年開幕的地下購物街Echika，除了車站旁聚集了多家大型百貨公司，專門大店也特別多，而東口、西口等繁華區域的餐飲店更是多不勝數，是東京知名的美食激戰區，拉麵店甚至達到步行一分鐘就有一家的密集程度。

至少預留時間
百貨公司走馬看花
2小時
同人狂熱分子，要逛乙女之路大採購
半天以上

JR山手線‧埼京線‧成田特快線‧湘南新宿ライン，西武池袋線，東武東上本線，東京地下鐵丸之內線‧有樂町線‧副都心線【池袋駅】

池袋

東京都內最大級的UNUQLO旗艦店共六層樓的空間，2015年在池袋駅東口隆重開幕。

東口有西武、西口有東武

池袋駅可說是東京三大人潮流量最大的站之一，車站規模及人潮跟新宿相比，也不容小覷。因此觀光客來此，老是出站、入站傻傻分不清楚，而這裡最有趣的是東武鐵道及西武鐵道剛好分據站體兩側開設百貨公司，且「東口是西武百貨、西口是東武百貨」，先搞懂這個趣味反差，方向才不會越來越混亂喔。

來到池袋只要多注意，會發現貓頭鷹圖像真是無所不在，街道、公園、路燈到處都有它的蹤跡外，連派出所都變成貓頭鷹，下次來別忘了也拍照收集看看！

Do YOU KnoW

池袋怎麼這麼多貓頭鷹塑像阿！

澀谷名物若是八公犬、那麼池袋就是貓頭鷹了。因為「池袋」的「袋」日文發音「Bukuro」與貓頭鷹的日文發音「Fukuro」相似，也因此而成為池袋地區的吉祥物。

池袋西口公園大型的噴水池創造出清涼感覺，夜晚還會有點燈的幻彩視覺印象，一再成為日劇或廣告的最佳外景地。

漫畫聖地常盤莊　在池袋西南方的南長崎，曾有間木造的二層公寓常盤莊（キトワ莊）。年輕的手塚治虫、寺田博雄、藤子A不二雄、藤子F不二雄、石森章太郎等漫畫家都曾在這裡居住創作，度過輝煌的年輕時代，也引領日本漫畫走向全盛時期。雖然常盤莊已在1982年拆除，原址的紀念碑仍是漫畫迷的朝聖地。

怎麼玩池袋才聰明？

車站地下街超好逛

Echika為地下鐵副都心線在池袋駅的複合式購物中心。狹長的商場中以巴黎街道為主題，歐風裝潢與造型地磚為地鐵站帶來嶄新氣氛；商場中有服飾店、Spa沙龍、餐廳，並有熱鬧的外帶食品區，是通勤族與觀光客最喜愛的購物區域之一。

池袋西口公園

日劇池袋西口公園直接以這裡為名，因為這裡每逢夜晚就會聚集許多年輕人，經過重新整理，給人一種明亮開闊的潔淨感，象徵和平的雕塑和旁邊的東京藝術劇場融合。

乙女之路

池袋早從1980年代起集結了許多動漫相關商品的店舖，並逐漸發展成以女性為主要顧客的動漫特區，而被稱為乙女之路。多數的店家販賣商品多為女性喜歡，更有開設多家對比於女僕咖啡的喫茶店，如執事喫茶、男裝喫茶等。

池袋

池袋

◎景點 ⑪餐廳 ◎甜點 ◎和菓子
❸百貨 ◎麵食 ❸購物 ❶飯店 ⊕劇院 ◎公園

K-Books 同人館
MANDARAKE池袋店
Sunshine City太陽城
日太陽城王子飯店
Sunshine 60展望台
NAMJA TOWN
Gashapon
Sunshine水族館

東池袋公園
アーク⊕
Amlux
⊕東急手創

Sunshine 60展望台

K-Books汀ニメ店

⊕Animete
池袋本店
SUNROUTE飯店
⊕中池袋公園
UNIQLO
池袋店
松本清藥妝店
名代富士そば
BIC CAMERA
OUTLET
大勝軒
一風堂
南池袋公園
WACCA
クロサワ樂器店
29 31
33
23 28
26
27
34 35
松本清藥妝店
42
41
38
服部咖啡館
唐吉訶德
UNIQLO
marguerite
BEAMS Street
淳久堂書店
BIC CAMERA
RINGO
IKEBUKURO
PARCO
松本清藥妝店
P.PARCO
第一パ〜ン H
西武百貨
Loft
西武百貨別館
AINZ.TULPE
無敵家
東横INN池袋北口II
松本清藥妝店
池袋東武百貨
池袋西武
池袋駅
西武
池袋駅
サンシティ H
壽壽屋
Orikin
池袋東武百貨
Esola
すしまみれ
三原堂
池袋西口公園
PSFA perfect suit factory
Right on
東京藝術劇場
池袋大都會飯店
焼肉敘庵
魚がし日本一立喰壽司
すしまみれ
12
11 10
9
C10
01 City
池袋
Echika
C9
1a 2b
2a
BOOK AND BED TOKYO
BIC CAMERA
クレリオン
C5
C6 C7
L-Breath
西池袋公園
自由學園明日館
C1
C2
C3

123

車站徒步範圍景點散策，從玩到買，滿足各個族群的需求

位在9樓戶外庭園的The Garden，以莫內名畫「睡蓮」為意象，打造出舒適的百貨屋上空間。

👁 MAP P.123 A3　自由学園 明日館

如何前往

JR池袋駅西口徒步7分

info

☎03-3971-7535 ⌂豐島區西池袋2-31-3

🕐10:00~16:00，六日、例假日10:00~17:00；每月第3個週五開放夜間見學18:00~21:00(入館~閉館前30分) 🚫週一(遇假日順延)，年末年始

💴入場¥500，入場+喫茶¥800，入場+酒飲¥1200(夜間見學限定) 🌐www.jiyu.jp

　　建於1921年的自由學園明日館，是美國建築大師萊特(Frank Lloyd Wright)的作品之一。經歷關東大地震和第二次世界大戰的空襲仍然屹立不搖，建築物刻意壓低呼應周遭一望無際的環境，素樸簡單的外型在現今的住宅區裡，和鄰近建築之間有著很和諧的存在關係，值得喜愛建築的人特地造訪。

走上一旁的小閣樓則是小型的萊特博物館，裡面也展示萊特設計燈具，並且可以向家具公司訂購。

現在的自由學園明日館並不只是靜態展示，時常出借場地舉辦活動，學生食堂裡還有當時家具的復刻版。

連結地下鐵及西武百貨中央本館B1入口處的光之時計，使用11000個LED燈，展演時代科技感，整點時還會有音樂及燈光演出。

👜 MAP P.123 B2　西武百貨

如何前往

JR池袋駅東口徒步2分

info

☎03-3981-0111

⌂豐島區南池袋1-28-1

🕐購物10:00~21:00、週日例假日10:00~20:00，8F餐廳11:00~23:00、週六日例假日10:30~23:00

🌐www.sogo-seibu.jp/ikebukuro/

　　西武集團是日本知名的大企業，分布關東地區的西武百貨本店就選在池袋，走向較為年輕，最受歡迎的莫過於居家生活雜貨品牌LOFT，占據了9~12F四層樓的面積，舉凡文具、廚房衛浴用品、健康雜貨通通一應俱全，許多高中生或上班族都會在回家前逛逛。

Sunshine City太陽城

如何前往
JR池袋駅東口徒步5分

info
🏠豐島區東池袋3-1-1
⏰💰依各設施不同

🌐www.sunshinecity.co.jp

沿著池袋東口的サンシャインシティ60通就可抵達Sunshine City太陽城。多層賣場、餐廳、展望台和飯店結合而成的大型商業設施，Sunshine City是日本第一個複合式商城，從1966年營運至今，一直是池袋人潮集中的熱點。囊括了辦公大樓、百貨公司、文化劇場、水族館、展示場、展望台、美食街、飯店、主題樂園，讓遊客不怕刮風下雨，可以盡情購物玩樂一整天。

視線所及範圍只有一台又一台扭蛋機

 Gashapon

Gashapon為日本知名連鎖扭蛋店，寬敞空間全被扭蛋機滿滿佔據，營造出的震撼力，保證讓你為之驚嘆！還有專區介紹扭蛋流行和發展進化史，推薦喜歡日本扭蛋跟回味童年的朋友來朝聖唷！
📞電話：050-5835-2263　🏠Sunshine City太陽城World Import Mart大樓3F　⏰10:00~21:00

NAMJA TOWN

1996年開設的「NAMJA TOWN」是東京的大型美食主題樂園，2013年整新開幕的樂園內可分為：以遊樂設施為主的「Dokkingham Plaza」、以昭和年代懷舊意象設計的「福袋七丁目商店街」與充滿恐怖氣氛的鬼屋主題「妖怪番外地」三大區域，園內設計風格皆不同，是個可邊吃邊逛邊玩的歡樂主題樂園。
📞03-5950-0765　🏠Sunshine City太陽城World Import Mart大樓2F　⏰10:00~22:00(入園~21:00)　💰ナンジャエントリー(單買入園券，玩樂設施皆需另外付費)大人￥800、小孩￥500、ナンジャパスポート(一日通行護照，可任意玩樂園內設施)大人￥3500、小孩￥2800。館內飲食皆需另外付費　🌐www.namco.co.jp/tp/namja/

可愛的海獅表演，逗得大人小孩驚笑聲連連。

Sunshine 水族館

位在屋頂上的水族館集合來自世界各地約750種，陸海空各式生物的混合展示，除了海洋動物外，還有擴耳狐、狐猴、犰狳、孔雀等動物一同居住於此，儼然是個小小的屋頂動物園。
📞03-3989-3466　🏠Sunshine City太陽城World Import Mart大樓屋頂　⏰4~10月9:30~21:00、11~3月10:00~18:00 (最終入場為結束前1小時)　💰大人￥2400、中小學生￥1200、4歲以上￥700　🌐www.sunshinecity.co.jp/aquarium/

從天空251Area展望台眺望出去的景色絕美非凡，是池袋的人氣約會聖地。

SKY CIRCUS Sunshine 60展望台

東京都內有多座展望台，而Sunshine 60展望台是池袋的地標，不僅因為大樓下方擁有各種購物、玩樂設施，也因為能夠360度鳥瞰東京，天氣好時向新宿方向(南邊)望去還有可能看見富士山呢！
📞03-3989-3457　🏠Sunshine City太陽城Sunshine 60大樓60F　⏰10:00~22:00(入場~21:00)　💰大人￥1200、大學生、高中生、65歲以上￥900、國中小生￥600，4歲以上到小學前￥300　🌐www.skycircus.jp

平價美食大車拼，池袋就是便宜好吃又大碗啊！

麵屋Hulu-lu

拉麵

醬油拉麵與餐肉飯糰套餐 ¥1100
推薦菜

豐島區池袋2-60-7

Hulu-lu的招牌醬油湯底以吉備黑雞、全雞、多種蔬菜熬煮而成，麵體使用夏威夷的水做成具有彈性的細麵。拉麵排放筍乾與叉燒，加入肉末、蔥花，最頂端再放一把蘿蔔苗，光配色就讓人眼睛一亮。新鮮蔬菜降低雞汁湯頭的油膩感，而叉燒調整為薄鹽口味，爽口的總體風味猶如夏日海風，清新宜人。

🅿P.123A1 🚇池袋西口徒步10分 ☎03- 3983-6455 ⏰11:30~15:00、18:00~21:00(賣完為止)，假日11:30~15:30 休週二 🌐www.hulu-lu.com

無敵家

拉麵

げんこつ (拳骨拉麵) ¥880
推薦菜

豐島區南池袋1-17-1

提到無敵家，就不能不提到其用大火熬煮出來的濃郁豚骨湯頭與實在的配料。再配上餐桌上的無臭大蒜，使無敵家的拉麵口味真的變得無敵，是別處吃不到的滋味，難怪無論何時店門口總是大排長龍。

🅿P.123B3 🚇JR池袋駅東口徒步5分 ☎03-3982-7656 ⏰10:30~凌晨4:00 休12/31~1/3 🌐www.mutekiya.com

---

魚がし日本一 立喰壽司

壽司

豐島區西池袋1-35-1

想要用便宜的價錢品嘗美味壽司，不妨嘗試這家立食壽司店吧。師傅的手藝可不會因為立食而馬虎，每貫壽司都是在顧客眼前新鮮現做，漂亮地呈放在新鮮竹葉上。價錢從一個握壽司日幣75元起，十分平易近人。

握壽司 ¥75起
推薦菜

🅿P.123A1 🚇JR池袋駅西口徒步3分 ☎03-5928-1197 ⏰11:00~23:00 🌐www.uogashi-nihonichi.com

三原堂

和菓子

🏠 │ 豐島區西池袋1-20-4

在瞬息萬變的池袋街頭，唯有和菓子老舖三原堂數十年來如一日，販賣最紮實道地的日式美味。貓頭鷹造型的最中、口感細膩的銅鑼燒、可愛小羊羹等點心都是店內招牌，就連推裡大師江戶川亂步也對它著迷不已。

🗺 P.123A2　🚉 JR池袋駅西口徒步1分　☎ 03-3971-2070
🕙 10:00~18:00　🏠 1/1~1/3　🌐 www.ik-miharado.shop-site.jp

RINGO IKEBUKURO

甜點

🏠 │ 豐島區南池袋1-28-2 JR池袋駅1F

池袋大排長龍的現烤卡士達蘋果派「RINGO」，是札幌洋菓子老舖創業三十年的完美之作。堅持美味三原則：手工、優質素材、新鮮。在附設工房現場製作，北海道產低麩質麵粉和大量奶油揉製成派皮麵糰，裹蘋果塊烘烤，再填入契作牧場牛奶所製的卡士達奶油第二次烘烤。

🗺 P.123B2　🚉 JR池袋駅東口即達　🕙 10:00~21:00　🏠 年末年始　🌐 ringo-applepie.com

OMATCHA SALON

宇治抹茶專門店

🏠 │ 池袋PARCO本館8F

這裡使用的抹茶，是擁有超過160年歷史的茶葉批發商「北川半兵衛商店」的宇治抹茶。香醇又入口即化的生起司蛋糕上，撒滿帶有苦味綠得發亮的抹茶粉，再妝點白玉或醬油糰子，以清酒小木盒「枡」作為容器，不論是視覺還是味覺，都是讓人賞心悅目。

🗺 P.123B2　🚉 池袋駅東口即達　☎ 03-5927-1133　🕙 11:00~23:00　🌐 omatcha-salon.jp

不只次文化，全新造鎮計劃下的澀谷，
結合在地人文需求，迎來重生

王牌景點 ⑪

造訪澀谷理由

① 無懈可擊的**百貨群**，只逛不買都值得一訪

② 忠犬小八、人潮最多的**五岔路口**

③ **西班牙坂**店家眾多，愛吃愛買者必逛

超繁忙的十字路口，根據統計，一天最多有50萬人通過，數字實在可觀。

澀谷

👁 MAP P.130 **澀谷**
しぶや／Shibuya

　澀谷是東京年輕人的潮流文化發信中心，熱鬧的十字路口有著大型螢幕強力放送最新最炫的音樂，種類豐富的各式商店和百貨，除了著名的109百貨是流行不敗聖地外，位於公園通的神南地區、澀谷中央街和西班牙坂，也是逛街買物的好去處，要想填飽肚子，便宜迴轉壽司、拉麵店、燒肉店等超值美味也不少。澀谷也是小眾文化的重鎮，地下音樂、藝術電影還有Live Band，都可以在此找到。

澀谷新建築風景

澀谷駅周邊在這幾年持續進行大刀闊斧的都更計畫，並以澀谷駅中心地區設計會議議長、本身也是建築師的內藤廣為首，邀集眾多建築師，一起打造出這裡全新的建築風景。目前，日建所設計的複合大樓HIKARIE，以及由安藤忠雄設計、如同宇宙船般結合自然與未來感的東急東橫線新澀谷駅都已完工，這裡的新面貌也令人期待。

JR山手線・埼京線・湘南新宿ライン，東急東橫線・田園都市線，東京地下鐵銀座線・半藏門線・副都心線，京王井の頭線【澀谷駅】

至少預留時間
逛最新話題百貨
3小時
八公、五岔路口拍照打卡
40分鐘

西班牙坂 井の頭通入口徒步約200公尺，右側運動鞋專賣的ABC MART巷子進入就是知名的スペイン坂(西班牙坂)，一路可通到PARCO 1的後方，兩旁有很多平價服飾及流行小物專賣店、餐館等，高低起伏的坂道風景更為遊逛增添了許多樂趣。

經過八公像時，偶爾會見到可愛的小貓窩在八公腳下，其實這是住在埼玉67歲男性所飼養的貓咪，他一個月約會來4次，希望藉由可愛的貓讓大家得到撫慰。

怎麼玩澀谷才聰明？

最夯IG打卡點

八公前方的大五岔路口，綠燈一亮，同時上千人蜂擁通過，早就被好萊塢電影相中登上螢幕多次，想來張超有FU的街拍照片，趕快鎖定這裡喔。

免費現場演唱

在澀谷，最過癮的就是巧遇出奇不意的免費路邊演唱。不少剛出道的樂團，會在澀谷駅附近開唱以打響知名度，這些以自己名聲作賭注的免費表演，和專業樂團相比或許稍嫌生嫩，但卻是澀谷最迷人的街頭一景。

吉本藝人搞笑秀

旗下有倫敦靴子、Downtown等知名搞笑藝人的經紀公司吉本興業，在年輕人聚集的澀谷建立這座小劇場。門票只要¥500起，即可入場看新進藝人的爆笑演出。就算日文聽不懂，透過玻璃窗看個熱鬧，或許可以看到認識的搞笑藝人喔。
⊙渋谷區宇田川町31-2
Yoshimoto hall
⊕www.yoshimoto.co.jp/mugendai

澀谷

澀谷最夯百貨群，各種品牌齊聚一堂，包你買得不要不要der

SHIBUYA SCRAMBLE SQUARE

MAP P.130 B3

如何前往
JR渋谷駅東口出站即達
info
🏠 渋谷區渋谷2-24-12
🕐 百貨10:00~21:00，
餐廳11:00~23:00
www.shibuya-scramble-square.com

　　地上共47樓與車站直結，是澀谷目前最高樓，同時也是結合展望台、辦公室、產業交流、購物等大型複合型商業設施。集結的212家店舖中，有45家是第一次在澀谷展店。從一樓紀念品區、品牌服飾、美食街到頂樓展望台，都值得你一層一層仔細往上逛。

其空間全面採透明玻璃隔間，營造出前所未見的開放感！

◉ SHIBUYA SKY

頂樓的全新體驗型展望台「SHIBUYA SKY」，目前是日本最大露天展望區，加上不少人氣偶像團和知名電視節目在此拍攝取景，吸引不少粉絲朝聖，成為網紅們超強打卡景點。
⤴ 入口在SHIBUYA SCRAMBLE SQUARE的14F
🕐 10:00~22:30(最終入場 21:20) 💲 網路購票大人(18歲以上)￥1800、國高中生￥1400、小學生￥900、幼兒(3~5歲)￥500；當日窗口購票大人(18歲以上)￥2000、國高中生￥1600、小學生￥1000、幼兒(3~5歲)￥600
www.shibuya-scramble-square.com/sky

澀谷Hikarie

MAP P.130 B3

如何前往
地下鐵渋谷駅15出口直結
info
☎ 03-5468-5892 🏠 渋谷區澀谷2-21-1 🛍 購物及各種服務
10:00~21:00，餐廳6F
11:00~23:00、7F
11:00~23:30(週日~23:00) www.hikarie.jp

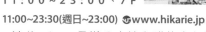

　　澀谷Hikarie是辦公大樓與購物中心結合的複合式設施，其劇院「東急THEATRE

8/承襲了東急文化館的使命，匯聚了8種不同型態的文化空間，將日本藝術、創意、生活及食文化精髓濃縮在此。

ShinQs購物商場，結合了美食、美容、時尚，以20~40歲女性為主要客群。

Orb」為世界最大音樂劇劇場，8/藝廊則延續東急文化館的使命，展出多面向作品。而在所有建設中，最受注目的當屬地下三層，地面五層，總共八層樓的ShinQs購物商場。

忠犬八公

忠犬八公是澀谷，更是東京最著名的狗銅像，據說小八是由一位東大教授所飼養的秋田犬，牠每天傍晚都會去車站迎接主人回家，甚至教授過世後仍然風雨無阻天天到車站前等主人，直到病亡。為了紀念小八的忠誠，人們特地在站前立下這座雕像，現在也成為日本人在澀谷平常約會見面的地標。

⌂JR澀谷駅ハチ公口前

八公周邊商品

・桂新堂
⌂澀谷Hikarie ShinQs B2
以八公犬圖案設計的澀谷限定蝦仙貝。盒裝6片¥648。

・風月堂
⌂東急百貨東橫店B1
樸素的法蘭酥來到澀谷又變身成可愛限定版八公包裝，3罐裝¥1200。

・ANDERSEN
⌂東急百貨東橫店B1
限定版的八公犬可愛造型餅乾，¥900(3片裝)

・yoko moku
⌂東急百貨東橫店B1
濃濃的奶香，入口酥鬆又甜蜜，餅乾上還印有幾個八公的小腳印，¥540(5片裝)

MIYASHITA PARK

如何前往
地下鐵渋谷駅10出口即達，JR渋谷駅東口出站徒步約5分

info
☎03-6712-5291 ⌂渋谷區澀谷1-26-5

2020年春天經重新整頓後的宮下公園內有90家個性品牌和精品名店和餐廳進駐，像是LV全球首家男士專賣店，美國KITH的旗艦店等。公園位在頂樓，設有約1,000平方公處的草皮，滑板場，攀岩場等多功能運動場地，整體環境綠意盎然，很適合作為逛街逛到鐵腿時的歇腳處。

澀谷109

如何前往
JR渋谷駅八公口徒步2分
info
☎03-3477-5111
⌂渋谷區道玄坂2-29-1
◐購物10:00~21:00，餐廳11:00~22:00 ㊡1/1
🕸www.shibuya109.jp/SHIBUYA/

澀谷109是辣妹的大本營，從B2到8樓的10層樓空間理，全是專屬女生的各式大小商品，從衣服、鞋子、包包、內衣、化妝品首飾，到假髮、假睫毛都光鮮亮麗的不得了，店裡逛街的女孩子和店員，氣勢也和其他地方完全不一樣。想知道現在日本女生流行什麼穿什麼、化什麼妝，109就立刻跟著轉換流行風向。

東京最美的休閒公園就在這裡，
看情侶三三兩兩地在池上划著小船，
岸上遊人如織，最美的生活情調在此展現

王牌景點 ⑫

造訪井之頭公園理由

1 日劇拍攝名場景，在似曾相識的美麗公園裡感受東京小日子

2 東京除了逛街購物，還有遊湖腳踏船的好去處

3 公園綠地森呼吸

©林琪雅

春天在一片櫻花海中飄飄浮浮，浪漫得連空氣中瀰漫著粉紅色的泡泡～

MAP P.140

井之頭公園
いのがしらこうえん／Inogashira Park

井之頭公園小檔案

緣由：1989年為整備林地，1913年為皇家御用地
一般公開：1917年5月1日
占地：43公頃

原是皇家公園的井之頭恩賜公園，以中央的湖池為核心，周邊植滿了約兩萬多棵的樹木，即使在同一個季節，仍因為各種植樹的模樣各異，呈現出值得細細玩味的層次景象，當然也隨著四季更迭而呈現出不同的美景，因此成為許多日劇、電影的取景地。由於占地非常廣，即使在賞櫻盛季來訪井之頭恩賜公園，也不怕找不到一處寧靜、自我的地方坐坐，好好享受一個人的野餐，想找到能專心寫生做畫的角度，也非難事。喜歡湊湊熱鬧，不妨嘗試租一艘遊湖腳踏船，學日本人在櫻花垂落的岸邊湖面上賞花，近看悠游湖中的肥美鯉魚。園內另外還有能親近動物的自然文化園區、水生物館、資料館、雕刻館等文化設施。

若剛好在春天造訪，不妨起個大早來公園占位，好好感受日本人「花見」的樂趣。

許多當地人會在午後帶著寵物出來曬太陽，享受悠閒的公園時光。

🅘 東京都武藏野市御殿山一丁目、吉祥寺南町一丁目
● 自由參觀
$ 免費

至少預留時間
公園漫步
30分鐘
公園漫步＋划船
1.5小時

JR中央線・總武線，京王井の頭線【吉祥寺駅】
京王井の頭線【井の頭公園駅】

井之頭公園

井之頭公園不只能散步，還有許多好玩、好看、好吃的等著你來發現！

風之散步道

連接三鷹駅與井之頭恩賜公園的風之散步道，位在玉川上水旁的林蔭下，微風徐徐吹來，散步其間能感受遠離都市喧嘩的快意。早期為了民生用水而設的玉川上水現在已經不復使用，卻也因為是大文豪太宰治自殺投水之地而聲名大噪，現在水流清淺，兩岸濃蔭涼夏，正是散步的好去處。

街頭藝人的天堂

公隨隨處可見街頭藝人表演，尤其假日最多。表演各式各樣，有歌唱，有雜耍，也有變魔術、音樂等，路過時不妨停下腳步欣賞，覺得不錯可以賞點小費鼓勵。

公園早午餐うさぎ館

藏身於井之頭公園中的咖啡餐廳Café du lièvreうさぎ館，靜靜佇立在樹林中的粉藍色屋頂，再結合法式風格的淡色家具與舊木裝潢，室內悠閒的用餐氛圍與絕不馬乎的手作法式料理是該店受歡迎的原因。店家就位於三鷹吉卜力博物館旁，建議可享用完該店早餐後再徒步至吉卜力美術館。

自然文化園區

於1942年增設的「自然文化園區」可見許多動物，其中最受歡迎的是現年已有62歲的母象「花子」，其他像是山羊、花栗鼠等動物，讓人能夠近距離地接觸觀賞，動物們天真的模樣，令人不自覺展開笑顏。入場￥400。

玉川上水

江戶時期人口增多，為了解決江戶人們飲水問題，玉川庄右衛門、清右衛門兩兄弟製作了水道，將多摩川水引入，於是這條水道便稱為玉川上水。沿著綠川上水設置了一條舒服的遊步道，天晴時散步其間十分舒暢。

垃圾不落地

井之頭公園原本設有多處垃圾桶，但由於公園使用者將家庭垃圾、煙蒂大量放置於公園，造成環境髒亂，於是2000年將垃圾桶撤去，令公園使用者不得不將垃圾帶回家。如果來到井之頭公園野餐，記得要把自己的垃圾收拾好帶走。

Do YoU KnoW

曾在井之頭公園取景的日劇

井之頭公園純粹的綠意風景，也曾成為日劇《跟我說愛我》、《Last Friends》、《火花》和電影《挪威的森林》的取景地。漫畫《四葉妹妹》也曾經以自然文化園區作為場景藍本。許多人來到井之頭公園，便會對照著劇中名場景拍張相同的照片。

弁財天是水之女神，就位在公園噴水池一側，專司技藝精進。據說情侶一同參拜的話，女神會因為忌妒而破壞姻緣，所以雖然井之頭是許多情侶的約會聖地，卻很少會有人一同來此參拜。

多次成為日劇拍攝場景的天鵝船、手搖船，是情侶約會、全家出遊的選擇。來到乘船場，投幣買票，天鵝船每30分鐘￥700，手搖船每1小時￥600。營業時間依季節不同，大約是10:00~17:00。

井の頭弁財天

手搖船乘船

自然文化園區（動物園）

正門

お茶の水

富士屋

明水亭

井の頭池

吉祥寺通

自然文化園區(水生物園)

井の頭弁財天

七井橋

野外ステージ

風之散步道

Café du lièvre うさぎ館

日本庭園

乘船處

緑の小道

玉三上水

瓢箪橋

三鷹之森吉卜力美術館

小鳥の森

七井橋

公園賣店

三福糰子￥350，可選擇醬油或味噌口味。

井之頭公園的定番美景，就是從這橫在池中央的七井橋所拍攝，所以每到假日、櫻花綻放時，總會看到橋上擠滿人，拍攝水天一色的公園划船悠閒美景。

在公園內禁止擺攤賣東西，只有獲得許可証才可開店。位在七井橋旁的小賣店，有賣霜淇淋與一般零食飲料，甚至還有章魚燒、炒麵等輕食，餓了渴了不妨來這看看有沒有想吃的東西。

三鷹之森
吉卜力美術館

吉卜力美術館是由在全球擁有相當高知名度的動畫大師宮崎駿所策劃，並於2016年重新裝修後開幕。有別於其他僅提供展示的美術館，這裏不只是個收集展示吉卜力工作室作品的場所，更希望由參觀遊客們親自去觸碰、玩玩這些只有動畫中才出現的畫面，因此美術館並沒有提供導覽地圖或遵循路線，也沒有針對哪個作品來展示，完全讓遊客們自己決定想要看的物品，然後自在隨意地尋找新發現，動畫中熟悉又可愛的身影，在不經意之間就會出現各個角落，參觀完的遊客，雖然擁有不同的參觀記憶，但在心情與知識都能夠滿載而歸。

要提醒的是，吉卜力美術館希望大夥可以盡情玩樂，而不是只有照相機鏡頭中的回憶，所以館內並不准照相和攝影。不論你年紀多大，來到這裡就讓自己的想像無限地放大，盡情地享受吉卜力工作室所帶來的驚奇吧！

如何預約門票

入館前1個月的10號開始預約。可聯絡台灣的代理旅行社代為訂購，或是上網站查看詳細情形。也可以到日本相當普及的便利商店「LOWSON」，使用店內的Loopi系統購票之後列印，並至櫃台付款，取得預約券。

接駁公車

不想從吉祥寺公園走到吉卜力美術館的人，可以來到JR三鷹駅，在南口的巴士站搭乘接駁巴士，約5分到達，乘坐一次￥210。

> **ⓘ**
>
> 📍P.137A4　☎0570-055-777
> 🏠三鷹市下連雀1-1-83(井之頭恩賜公園內西園)
> 🕐採取預約制，10:00~18:00(一天共有10:00、11:00、12:00、13:00、14:00、15:00六次入館時間，請在指定時間開始的30分鐘以內(ex:10:00~10:30)入館，離館時間自由。)
> 🈲週二，換展期間，年末年始
> 💰成人、大學生￥1000，國中、高中生￥700，小學生￥400，4歲以上幼兒￥100　🌐www.ghibli-museum.jp

龍貓的櫃台
美術館1F

在真正進入美術館前,會先經過龍貓的售票亭,巨大的龍貓在裡頭,底下的小窗子擠滿了黑點點,還沒進入美術館就感到超級開心。

電影生成的地方
美術館1F

在這裡可以看到從電影的故事構想、作畫、上色、編輯到完成的過程。其中有很多知名動畫的草稿,相當值得一看。館方表示,一個動畫作品約需要長達2~3年的時間來製作。從繁複的過程中,動畫創作的複雜與辛苦可見一斑。

龍貓巴士
美術館2F

在大人小孩都喜愛的電影「龍貓」中所出現的龍貓巴士,一定有許多人都想搭乘,原本美術館像要做成真的公車,但要保留動畫中龍貓巴士軟綿綿的感覺卻有些困難,因此在這裡,限定小學生以下的兒童們可以真實觸碰並乘坐,實際感受龍貓巴士的柔軟感之後,旁邊還有黑點點們等著你喔!

土星座
美術館B1

在這個可容納80人的小戲院裡,能夠觀賞到吉卜力工作室原創的短篇動畫喔!放映室以透明玻璃圍起,讓遊客也可以了解到動畫放映時的情景。動畫約每三個月即會更換一次,每天放映四次,一次約為10~15分鐘。這些動畫只在館內放映,別處可是看不到的。

MAMMAA AIUTO禮品區
美術館2F

店名取自於『紅豬』中海盜的名字,在義大利文中是指「媽媽救我!」。這兒除有吉卜力出版動畫主角的各種相關商品外,例如「紅豬」的側背包、「魔女宅急便」的黑貓KIKI鑰匙圈,更有許許多多本美術館限定販賣的商品。

開始動的房間
美術館B1

這裡是讓想要了解動畫的人能夠滿足的地方,呈現動畫最早原理,以「動」為主題的展示區,感受那份「動起來」的興奮感,一定要入內看看。

空中花園
美術館屋頂

是否記得「天空之城」中那個平和又安詳世界裡的古代機器人,爬上屋頂花園,這個機器人就從動畫世界現身,矗立在屋頂,除了讓動畫更加親近遊客們,也成為守護著這座美術館的巨神。

吉祥寺駅北側的口琴橫丁充滿庶民況味,往西邊
的中道通,則會發現許多可愛的生活雜貨店

有此一說～

吉祥寺是寺嗎?

雖然以吉祥寺為名,但是附近卻沒有同名寺廟?原來真正的吉祥寺過去位於現在的水道橋地區,後來許多來自該地的人移居至此,為了紀念故鄉而將這裡命名為吉祥寺。今天的吉祥寺擁有多家咖啡廳、餐廳與生活雜貨等小店比皆是,因此雖然在東京23區外,卻榮登東京人最想居住的區域第一名。

MAP P.140 B2 BASARA BOOKS

如何前往

吉祥寺駅南口徒步3分

info

☎0422-47-3764 🌐
武藏野市吉祥寺南町
1-5-13 ⏰13:00～23:30 🚫週一

basarabook.blog.shinobi.jp

二手書店BASARA的店名很特別,為日文中「婆娑羅」的讀音,有否定傳統權威、隨心所欲過活的意思;將這層涵義放在販售平價書本(或知識上),便清楚地將BASAR二手書店的概念表達出來,你可以在此用便宜的金額買到無價的知識,藉著這些豐富知識,讓自己「僭越」所有限制。

MAP P.140 B3 元祖仲屋むげん堂 弍番組

如何前往

吉祥寺駅南口徒步5分

info

☎0422-47-3334 🌐
武藏野市吉祥寺南町
1-15-14 ⏰11:30～19:45 💲線香¥158起

從尼泊爾、印度等地輸入的衣料雜貨元祖仲屋むげん堂,由許多商品堆起來的店內看來稍微雜亂,但這樣隨意的擺法反而讓人覺得親切好親近。尋著店內飄來的薰香入內,狹小但卻擺放著琳瑯滿目的雜貨,從衣服、圍巾、小飾品到家具擺飾等,讓人逛得目不瑕給,喜歡民族風格或是東南亞風格的人一定要來這裡挖寶。

MAP P.140 B1 36 Sublo

如何前往

吉祥寺駅北口徒步7分

info

☎0422-21-8118 🌐武藏野市吉祥寺本町2-4-16 原ビル2階 ⏰12:00～20:00 🚫週二 🌐www.sublo.net/

在吉祥寺的生活商圈裡充斥著不同風格的小店,36 Sublo是隱身於吉祥寺小巷2樓裡的人氣文具店。店內以販售大人風格的文具為主,沉穩的選物風格搭配舊木的放置台,細心地展示出各式專屬36 Sublo的選物風格,是一間迷你卻充滿趣味的店家,在這裡一定可以找到獨屬於自己的大人風文具用品。

にじ画廊

MAP P.140 B2

如何前往

吉祥寺駅北口徒歩6分

info

☎0422-21-2177 ⊕武藏野市吉祥寺本町2-2-10

🕐12:00~20:00 週三 🌐www.nijigaro.com

　　開在街角的にじ画廊是複合式的藝廊，二樓主要作為藝術展示空間，一樓的商品販售區則會隨著二樓展覽機動性地調整商品。走森林系風格的にじ画廊，店內有許多充滿動物、北歐元素的手作雜貨或書籍，甚至連推薦的唱片《Au Revoir Simone - The Bird Of Music》都有濃濃「森林系」風格。

OUTBOUND

MAP P.140 B1

如何前往

吉祥寺駅北口徒歩10分

info

☎0422-27-7720 ⊕武藏野市吉祥寺本町2-7-4-101 🕐11:00~19:00 週二 🌐outbound.to

　　要稱 OUTBOUND 為雜貨舖，其實它更像一間小美術館，從空間到展售的商品，處處都流露著對生活美學的觀察與講究。商品大部分都來自日本本地的工藝師，也有少部分來自國外。不同領域的專家各自以竹籐、陶、鐵、原木等材質，製作出線條極簡美麗、且實用的生活用具，每件都像工藝品般地存在著。

Free Design

MAP P.140 A2

如何前往

吉祥寺駅北口徒歩7分

info

☎0422-21-2070 ⊕武藏野市吉祥寺本町2-18-2 2F 🕐11:00~19:00 年末年始 療癒抱枕￥2100起 🌐www.freedesign.jp

　　位於二樓的Free Design是家專門以大人為對象的生活雜貨店，商品包括文具、餐飲用具和居家用品，每一件都充滿了設計感，柳宗理的餐具、北歐的碗盤、德國的筆記本等，從日本乃至世界各地引入的單品都有著獨特的創意與故事，經常在日本各種設計雜誌上都可看到。

Cave

MAP P.140 A2

如何前往

吉祥寺駅北口徒歩7分

info

☎0422-20-4321 ⊕武藏野市吉祥寺本町2-26-1 🕐11:30~19:00 週四 🌐www.cave-frog.com

　　中道通商店街上的青蛙百貨專賣店，從雨靴、提袋、鬧鐘，到掛飾、茶碗，每件生活雜貨都有青蛙的蹤跡，放一件可愛的青蛙雜貨在家裡，相信能讓人保持心情愉快吧！

用餐選擇

入口位在平和通上的口琴橫丁是充滿古早味的
商店街，裡頭不乏歷史悠久又受歡迎的名店

小ざさ

和菓子

小ざさ
最中
¥1480/15個
推薦菜

🏠 武藏野市吉祥寺本町1-1-8

因為遵守著前人古法製
作，「小ざさ」每天只做
一鍋三升的紅豆，另羊
羹的供應量「極致」到
每天限量150條，8點半
發放號碼牌，10點開店
後才開放購買，並每人
僅限購買5條。如果覺

得買羊羹的挑戰太大，不限量但美味同樣滿分的「最中」，
分為紅豆與白餡兩種口味，很適合作為路過時的小點。

📍P.140B2 🚶吉祥寺駅北口徒步4分 ☎0422-22-7230 ▾
10:00~19:30(8:30開始發羊羹號碼券) 🗓週二 🌐www.
ozasa.co.jp

さとうSATOU

可樂餅

さとうSATOU
メンチカツ
(松阪牛炸肉餅)¥250
コロッケ
(可樂餅)¥160
推薦菜

🏠 武藏野市吉祥寺本町1-1-8

吉祥寺肉丸名店SATOU，
從開店至今已經超過三十年
歷史，一直都維持著熱烈的
高人氣，從現炸肉餅、可樂
餅開賣的前半小時，便已排
成了需要繞彎的長長人龍，
SATOU炸肉餅受歡迎的原
因很單純卻不簡單，就是採

用頂級松阪牛肉來製作肉丸，讓看似平凡的輕便小食，變
得高貴又親民，一個只要¥180即可享用。

📍P.140B2 🚶吉祥寺駅北口徒步4分 ☎0422-22-3130
▾10:00~19:00(炸肉餅10:30~) 🗓年始
🌐www.shop-satou.com/index.html

おふくろ屋台1丁目1番地

居酒屋

おふくろ屋台1丁目1番地
午間
套餐
¥500起
推薦菜

🏠 武藏野市吉祥寺本町1-1-1

位在口琴橫丁裡的這家
居酒屋，提供以沖繩美
食為中心的日式居酒屋
料理，各式下酒小菜、
家常料理和酒類很搭，
推薦它位在頂樓的半露
天座位，就好像在一般

民家的公寓天台上，可以用另一種角度來感受吉祥寺的生
活況味。

📍P.140C2 🚶吉祥寺駅北口徒步4分 ☎0422-20-9474
▾11:30~凌晨0:00

スパ吉

義大利麵

スパ吉
肉醬義大利麵
(ミートソース)
¥930
推薦菜

🏠 武藏野市吉祥寺本町1-1-3

スパ吉店內所有的料理都是從
生麵製成，口感比乾燥麵更多
了麵筋的彈性與麥粉香。招牌
肉醬麵耗時20小時細火熬煮，
煮成極其濃郁的風味，老闆建
議吃的時候最好要攪拌10下
充分拌勻，再灑上起司粉，在
義大利麵口味最美妙的黃金

10分鐘內享用完畢。

📍P.140B2 🚶吉祥寺駅北口徒步4分 ☎0422-22-2227
▾11:00~15:00，17:30~21:00

井之頭公園：用餐選擇

被選為日本人最想住的地方，吉祥寺不只氣氛悠閒，有口皆碑的庶民美食最是接地氣！

いせや 公園店

串燒居酒屋

いせや 公園店
燒き鳥
(烤雞串)
一串¥90
推薦菜

🏠 武藏野市吉祥寺南町1-15-8

吉祥寺名物燒烤的知名店舖いせや，在吉祥寺開店已經超過80年，除了料理美味，店裡氣氛隨性，便宜的價格也是吸引力之一。像是炭火烤雞肉一串日幣90日元，其他下酒小菜也一樣以便宜的價格提供，配上溫熱燒酎或是暢快啤酒，就是充滿日式居酒屋風情的愉快味覺體驗。

🚉P.140B3 🚶吉祥寺駅南口徒步5分 ☎0422-43-2806 ⏷
12:00~22:00 🏠週一 🌐www.iseya-kichijoji.jp

カッパ

串燒居酒屋

カッパ
每串
均一價
¥145
推薦菜

🏠 武藏野市吉祥寺南町1-5-9

圍繞居酒屋「カッパ」吧檯擠滿了男女老少，已經光顧數十年的歐吉桑，慕名而來的年輕人，約會後來喝一杯小酒的年輕情侶，不同族群和目的的顧客齊聚一堂，喝燒酒、啃串燒，不亦樂乎。菜單貼在牆上，有心臟、肝臟、豬大腸、舌頭、頭皮肉等部位，還有前所未見的乳房、直腸等，可選擇鹽味或沾醬。

🚉P.140B2 🚶吉祥寺駅南口徒步3分 ☎0422-43-7823 ⏷
16:30~22:00，週五、週六14:00~22:00 🏠週日

えん寺

拉麵

えん寺
沾麵
(ベジポタつけ)
¥800
推薦菜

🏠 武藏野市吉祥寺
南町1-1-1

えん寺在東京人中相當具有人氣，不僅可以選擇熱麵或冷麵，還可選擇麵條口感。最受歡迎的是胚芽極太麵，採用較硬的粗麵，胚芽的樸質口感結合帶有嚼勁的胖麵條，沾上帶著檸檬香氣的濃厚柴魚湯汁，爽口而不膩。

🚉P.140B2 🚶吉祥寺駅南口徒步1分 ☎0422-44-5303 ⏷週一~五11:00~16:00、17:30~22:00、週末及例假日11:00~22:00

まめ蔵

咖哩

 武藏野市吉祥寺
本町2-18-15

まめ蔵
やさいカレー
(蔬菜咖哩)
¥950
推薦菜

まめ蔵十幾種咖哩菜單中，像是野菇咖哩、雞肉咖哩、豆子咖哩都有死忠支持者，想要吃得健康新鮮，可以嘗試使用大量蔬菜的招牌蔬菜咖哩，蔬菜的甜味配上咖哩醬的香味，並帶有隱約的辣度，豐富的野菜提供一日份的纖維質和養分，吃過的人都喜愛它特殊的味道。

❶P.140A2 ❷吉祥寺駅北口徒步7分 ❸0422-21-7901 ❹
11:00~21:00(L.O.20:30)

café Montana

咖哩

café Montana
レッドポークカリー
(燉肉紅咖哩)
¥1080
推薦菜

🏠 武藏野市吉祥寺
本町2-10-2

雖然店名有café，但這裡比較像是間有咖啡廳氛圍的咖哩屋。由於店面狹小，店內吧台坐位6個，桌子4張共8個位置，所以每到用餐時間總是大排長龍，讓大家不惜等上1小時也要吃到的美味，就是這裡特別的泰式燉肉咖哩。燉肉咖哩可以選擇兩種口味，有微辣的紅咖哩與焦香的黑咖哩。

❶P.140A2 ❷吉祥寺駅北口徒步5分 ❸0422-21-0208 ❹
11:30~22:30 ❺montanablog.jugem.jp

Chai Break
スパイスチャイ
(香料印度奶茶)
¥748
推薦菜

Chai Break

咖啡廳

🏠 武藏野市御殿山1-3-2

稍稍遠離吉祥寺熱鬧的市街，Chai Break開設在井之頭公園一側，店主人對紅茶的品質十分挑剔，也因為赴印度旅行時認識了印度奶茶的美妙進而將特殊的茶飲文化帶回日本。由於印度奶茶在剛煮好時味道最棒，店主很堅持在每位客人點餐後才一杯一杯現煮，人多時也許要多花點時間等待。

❶P.140A3 ❷吉祥寺駅南口徒步6分 ❸0422-79-9071 ❹
9:00~19:00，週末例假日8:00~19:00 ❺週二，遇假日則週三休
❺www.chai-break.com

緊鄰吉祥寺的三鷹，位在多摩區域的最東邊，與繁華的吉祥寺中間夾著廣大的井之頭恩賜公園，串聯兩站間的散步道十分受歡迎。三鷹不只兼具都市性便利、豐富自然綠意與沉靜的住宅區氣氛，更有隱藏在大路兩旁巷弄間的小店、咖啡廳，吸引許多遊客會在其間散步穿梭。

◎從吉祥寺穿過井之頭公園，沿著風之散步道即達三鷹駅，散步約30分鐘。
◎搭乘JR中央線·總武線至三鷹駅即達。

ⓘⓘ ハモニカ横丁ミタカ

三鷹

三鷹駅 — JR中央本線

◎ さらさら

風之散步道

🏣 三鷹駅前郵便局

◎ 中華そば みたか

ⓘⓘ PIZZERIA馬車道

ⓘⓘ 小古道具店 四歩

ⓘⓘ 山田文具店
◎ 横森珈琲

Dailies Cafe ◎
DAILIES ⓘⓘ

しろがね通り

| ⓘⓘ 餐廳 | ◎ 麵食 |
| ⓘⓘ 購物 | ◎ 咖啡廳 |

↓往太宰治之墓

Dailies Cafe

info
☎ 0422-40-6766
📍 三鷹市下連雀
4-15-33
🕐 11:00~22:00
www.dailies.co.jp

位在三鷹駅南口直行10分鐘的不遠處，有間專賣家具家飾的小店「Dailies」，以Daily日常的複數形為店名，正是希望能成為常伴人們日常的品牌。其附設的咖啡廳結合設計家具，充滿假日的休閒氛圍，店內除了一般餐桌區外，也有幾處沙發座位，不管材質、顏色等選擇都互相搭配。

小古道具店 四步

info
☎0422-26-7414　⌂
三鷹市下連雀3-32-
15　🕐11:30~20:00
🌐www.sippo-4.
com

　同為Dailies旗
下的四步位在巷
弄小徑內，名為古
道具店，但其實
主要可分為兩大區塊，屋外的空間選進的
商品為已經被使用過一段時日的精緻小
物，雖然以古物為主，範圍還是較偏廚房
道具、家庭擺飾。而室內空間展示的，則
是來自日本各處的設計雜貨，充滿和風情
緒與懷舊氣息，不只好看更是實用。

山田文具店

info
☎0422-38-8689　⌂三鷹市下連雀3-38-4三鷹
業プラザ1F　🕐11:00~18:00，假日11:00~18:00
🌐yamadastationery.jp

　山田文具店最具特色的產品是搜集來
自不同國家、年代的懷舊文具，店內商品
充滿時代感，店主希望能透過販售具有
故事的文具，讓文具不再單純只是用於
書寫。除懷舊文
具外，也銷售日本
各家設計師的精
選文具，每一個
文具都有自己的
故事與出身，更甚
至多數文具充滿
了童趣的風格。

さらさら

info
☎0422-44-0652　⌂武藏野市御殿山2-20-9
🕐12:30~20:30　㊡週四、五　💰煎茶¥530

　從三鷹駅南口出來徒步不用2分鐘，佇立
在玉川上水旁的さらさら正靜靜地等待顧客
上門品嚐純正的日本好味道。造訪時天氣
炎熱，店員建議可以品嚐使用靜岡茶泡製
的冰滴煎茶，搭配上自選菓子，一邊啜飲甘
醇冰涼的煎茶，一邊欣賞窗外綠蔭美景。

橫森珈琲

info
☎0422-48-0078
⌂三鷹市下連雀
4-16-3　1F　▾
9:00~20:00　🌐
www.morisuke.
tokyo

　橫森珈琲的標
誌是隻黑色有著
溫暖微笑的熊，
透著溫馨的氛圍，
而橫森珈琲的咖
啡除可內用外，也
相當歡迎消費者購買袋裝或咖啡豆回家
細細品嚐。咖啡以外玻璃櫃裡還可看到
今日的各式蛋糕，大力推薦紅茶戚風蛋
糕，是搭配咖啡最佳的夥伴。

白天海鷗乘著海風在灣岸邊翻轉飛翔，
夜晚遊船行過燈火明燦的美麗河岸

從台場日航飯店高樓拍攝的彩虹大橋，由於角度與方位，可以清楚看到東京鐵塔，景色更美。

彩虹大橋

造訪彩虹大橋理由

① 東京港灣的代表景色

② 多家復合百貨、遊樂場，是東京的約會聖地

③ 可免費走上大橋，用雙腳橫渡東京灣

👁 **MAP P.150 C1** 彩虹大橋
レインボーブリッジ／Rainbow Bridge

　　以柔和曲線連結東京都港區與台場的彩虹大橋，是台場的代表建設。橋身道路可分為兩層，上層是首都高速道路11號台場線，下層則是結合百合海鷗號軌道與臨港道路海岸青海線的鐵路道路合併路段。1980年代，為了疏緩從千葉、神奈川等地湧向東京都心的車潮，台場一帶以「臨海副都心」之姿建設，同期彩虹大橋也在建設計畫中，竣工後因為美麗景色意外成了東京觀光景點。雪白色的橋身，到了夜晚就會點起夢幻般的燈光，是「戀愛世代」等經典日劇的取景地。走在連接海濱公園、日航飯店、AQUA CITY的棧橋上，欣賞眼前聳立的大橋，感受海風徐徐吹來，滿分的浪漫讓幸福升到最高點。

親自走上彩紅大橋，不但可以欣賞東京灣兩側美景，也可以感受百合海鷗號從身邊穿過的迫力。

橫渡彩虹大橋

彩虹大橋

一般想要前往台場，大多人都會乘坐百合海鷗號經過彩虹大橋，但很多人都不知道，其實用「走」的橫渡彩虹大橋，一路欣賞東京灣美景，也可以是很特別的體驗！遊步道分為橋南側與北側，從南側可以看到台場一帶的風景，像是著名的富士電視台球體展望室等海濱風景，盡收眼底。若走北側，能看到的則是豐洲、東京市區風景，天氣好時可以遠眺東京鐵塔呢！

※注意事項

・想要親自踏上彩虹大橋，最建議的路徑是先搭乘百合海鷗號至芝浦ふ頭駅，出站後再途步約5分能看到往「プロムナード」(PROMENADE)的指標，依指示進入電梯即至步道，可惜的是單趟只能選擇單一側行走，若橋兩側的風景都想欣賞，就必需各走一次。

・遊步道全長約1.7公里，慢慢走一趟單程約30分鐘，另外要注意的是途中並沒有廁所、飲料販賣機等，要上廁所要在芝浦這側先解決，最好也自己帶水以免口渴。步行途中還能看到百合海鷗號從身旁呼嘯而過，十分有趣。

・抵達台場後約再徒步15分能達台場海濱公園後，接續台場的行程。

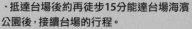

🚇入口處在芝浦與台場側各有一個，芝浦口：百合海鷗號芝浦ふ頭駅途步約5分；台場口：お台場海浜公園駅徒步約15分 ▼
9:00~21:00，11~3月10:00~18:00 🗓第3個週一(遇假日順延)，12/29~31，東京灣大花火祭時，天候不佳時 💲免費

至少預留時間
台場海濱公園拍照
30分鐘
遊逛台場各設施
3小時

ゆりかもめ(百合海鷗號)【お台場海浜公園駅】
りんかい線(臨海線)【東京テレポート駅】

彩虹大橋小檔案

形式：吊橋
長度：798M
高度：塔高126M，橋身高52M
開通日期：1997年8月26日

東京BAY SHUTTLE

臨海副都心免費循環巴士是循環台場的免費觀光巴士，在富士電視台、日本科學未來館等9個主要的觀光景點皆有停留。約15~20分鐘便有一班車，行駛時間約為11:00~20:00。

怎麼玩彩虹大橋才聰明？

在市中心看海踩浪

如果在東京看膩了都會風景，不妨搭乘百合海鷗號到「台場海濱公園」站下車，從這裡步行3分鐘，就可以來到離東京市中心最近的海灘：台場海濱公園。隔著海灣可以看到美麗的彩虹大橋和對岸的高樓，東京人在這邊悠閒的遛狗、漫步、衝浪、陪小孩玩沙，氣氛悠閒，夕陽的景色也很美。

夜間點燈

彩虹大橋每到晚上就點打上單色燈光，但也是會配合活動(如跨年)打上璀璨的彩色燈光，使其成為名符其實的彩虹大橋。晚上來到台場一側，襯著背後的東京鐵塔，可是人氣的IG打卡定番角度。

東京灣大花火祭

來日本，夏天就是要穿裕衣看花火秀呀！以彩虹大橋為背景的東京灣大花火祭，每年花火總數高達1萬2千發，來場人數多達70萬人，是東京灣的夏季風物詩。

彩虹大橋

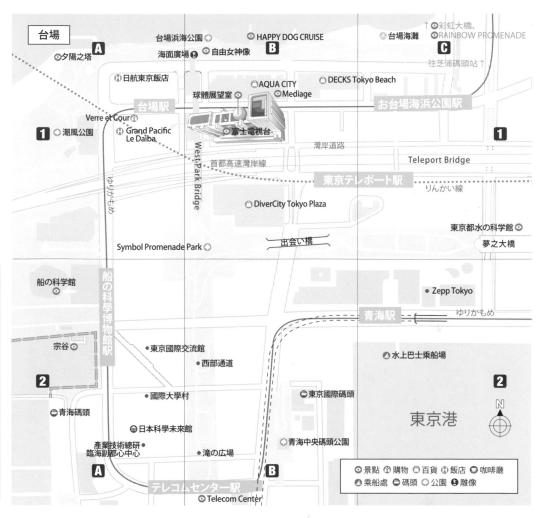

台場

◎ 夕陽之塔	台場浜海公園 ◎
	海面廣場 ◎
Ⓗ 日航東京飯店	◎ 自由女神像
	球體展望室 ◎
台場駅	◎ AQUA CITY
Verre et Cour ⊕	◎ Mediage
◎ 潮風公園	富士電視台 ◎
◎ Grand Pacific Le Daiba	

HAPPY DOG CRUISE

◎ 台場海灘

↑ ◎彩虹大橋、
◎RAINBOW PROMENADE

往芝浦碼頭站↑

◎ DECKS Tokyo Beach

お台場海浜公園駅

West-Park Bridge

ゆりかもめ

首都高速灣岸線

灣岸道路

Teleport Bridge

東京テレポート駅

りんかい線

◎ DiverCity Tokyo Plaza

東京都水の科學館 ◎

夢之大橋

Symbol Promenade Park ◎

出会い橋

船の科學博物館駅

◎ 船の科學館

宗谷 ◎

◎ 東京國際交流館

● 西部通道

● Zepp Tokyo

青海駅

ゆりかもめ

東京港

◎ 水上巴士乘船場

◎ 青海碼頭

● 國際大學村

⊞ 日本科學未來館

東京國際碼頭 ◎

產業技術總研
臨海副都心中心 ●

● 滝の広場

青海中央碼頭公園 ◎

テレコムセンター駅

◎ Telecom Center

| ◎ 景點 | ⊕ 購物 | 🏬 百貨 | Ⓗ 飯店 | ☕ 咖啡廳 |
| ⚓ 乘船處 | ⚓ 碼頭 | ◎ 公園 | ❸ 雕像 | |

👉 有此一說～

橋身離水面高52M是為什麼？

因為彩虹大橋剛好與東京港第一航路交岔，所以建設時必需要架高橋身，好讓底下的船能順利通過。不過設定為52M是為什麼呢？據說這是預計要讓豪華郵輪伊麗沙白女王2號(RMS Queen Elizabeth 2)能前往晴海埠頭靠岸，但卻又不能抵觸羽田空港周邊限高的法令而計算出來的高度。然而事實上，大橋完工後，伊麗沙白女王2號一次都沒有來到台場，而現代郵輪又設計得更大更高，沒幾台過得過彩虹大橋。這也是為什麼大型郵輪都不選東京靠港的原因。

Do YOU KnoW

正式名稱

彩虹大橋是由民眾公投所選出來的暱稱，並不是正式名稱。彩虹大橋的正式名稱超直接的，就叫作「東京港連絡橋」，也算簡單好記啦。

順遊景點

復合商場裡的室內展覽館眾多，想買想吃想玩，大人小孩都瘋狂

◉ MAP P.150 B1 富士電視台

如何前往

ゆりかもめ(百合海鷗號)台場駅徒步3分

info

⊛港區台場2-4-8 ◷10:00~18:00(依設施而異)
㉻週一(遇假日順延) ☻www.fujitv.co.jp/gotofujitv

　　來到富士電視台除了可以一圓電視夢，還可以親身體驗電視節目的藍幕效果，相當有趣。電視台主要參觀區可分為1樓劇場大廳、5樓美妙街道、7樓樓頂庭園、24樓鬧鐘天空，以及25樓球體展望室。

富士電視台銀色球體的外型相當引人注目，幾乎也成為每個人到台場來必遊之地。

在電視台入口迎接人們的，是2000誕生、可愛的吉祥物「小狗RAFU」，其名取自英文laugh，強調歡樂過生活，也是富士電視台希望帶給觀眾的宗旨。

◉ Fuji TV Wonder Street

直接從廣場的電扶梯直達五樓的Fuji TV Wonder Street，沿著長長的室內廊道不斷直行或迴轉，沿途都是富士電視台的各式節目珍貴的影像展示、還有大受歡迎的全員逃走中等節目一部分道具，讓人可以觸摸、體驗、拍照，最棒的是其中一道門通往攝影棚，非錄影期間會打開讓觀眾從上方觀看，相當有實感。

⊛富士電視台5F ◷10:00~17:00(最後進場16:30) ㉻週一(遇節日開館) ⑤免費

◉ 球體展望室

從外觀看起來一顆巨大的銀色大圓球高掛在方形的建築上，這就是富士電視台的球體展望室。登上球體展望室居高臨下，可以將東京市區一覽無遺，而臨近彩虹大橋的景色更是一絕，建議可以抽空上來遠眺美景。

⊛富士電視台25F ◷10:00~18:00(售票~17:00、入場~17:30) ㉻週一(遇假日順延) ⑤大人¥1200，中小學生¥1000

 快來集章拿小禮物

花一天來富士電台大玩特玩之外，也別忘了玩過的地方只要收集到章，集滿5個地方的章，就能換到一份小禮物。集章總共5個地點，分別是25樓球體展望室、24樓鬧鐘天空(Mezama Sky)、7樓樓頂庭園(Fuji TV SHOP)、5樓美妙街道(Wonder Street)以及1樓的大廳內，都能找到蓋章點喔。

彩虹大橋：順遊景點

DECKS Tokyo Beach

MAP P.150 B1

如何前往

ゆりかもめ(百合海鷗號)お台場海浜公園駅徒歩2分,臨海線(りんかい線)東京テレポート駅徒歩5分

info

☎03-3599-6500 ⌂港區台場1-6-1 ◉依店舖而異 🌐www.odaiba-decks.com

DECKS結合海島商場(アイランドモール)、濱海商場(シーサイドモール)、東京JOYPOLIS三大購物中心,以休閒為主題,有許多趣味小店。商場內除了台場少不了的觀海餐廳,還加入新鮮的特色來吸引遊客注意,例如台場一丁目充滿懷舊氣氛。另外,像是各大連鎖服飾、家居品牌、藥妝店,也都可以在這裡找到。

彩虹大橋：順遊景點

東京杜莎夫人蠟像館

2013年3月15日開幕的東京杜莎夫人蠟像館,為全世界第14處常設分館,館內區分為紅地毯、運動、音樂、電影、世界名人、歷史等9個區域,全館共有超過60座的蠟像,除了各分館可見到的麥可傑克森、奧黛麗赫本、強尼戴普等蠟像外,東京館最大的特色就是進駐了多位日本名人蠟像,像是前AKB48的前田敦子、花式溜冰選手淺田真央、歷史人物坂本龍馬等,世界各地的名人齊聚一堂。

☎03-3599-5231 ⌂DECKS Tokyo Beach 海島商場(アイランドモール) 3F ◉10:00~18:00 ⑤大人(國中生以上)￥2600,3歲~小學生￥1800。事先上網購買享優惠:大人(國中生以上)￥2100,3歲~小學生￥1500 🌐www.madametussauds.jp/

お台場たこ焼きミュージアム

源自大阪的章魚燒,每每只要想到那迷人的香氣,Q彈的口感、鹹香的醬汁,還有上頭隨熱氣飛舞的柴魚片、潤滑口感的美乃滋,就忍不住口水直流,在這裡你可以一次品嚐5間名店,包夾大塊章魚腳的會津屋、添加山芋而口感香氣獨特的芋蛸、添加白酒的道頓堀くくる等。

◉DECKS Tokyo Beach濱海商場(シーサイドモール) 4F ◉11:00~21:00,依季節而異

台場一丁目商店街

台場一丁目商店街將昭和年代的東京街頭再現,舉凡復古衣飾、江戶風生活雜貨、便宜二手和服、洋食屋、糖果屋等舊時代的商店和餐館琳瑯滿目,從身旁那些日本遊客的臉上,就可以感受到那股濃濃的往日情懷。而且重點是這裡的東西賣得都不貴,花點小錢就能將許多很特別的紀念小物帶回家,非常值得一逛。

☎03-3599-6500 ⌂DECKS Tokyo Beach濱海商場(シーサイドモール) 4F ◉11:00~21:00

東京JOYPOLIS

由著名電子遊戲公司SEGA所經營的東京JOYPOLIS,占地三層樓的空間擁有20種以上的遊樂設施,在1樓的中央舞臺可欣賞到遊走於數位與現實間的新型態表演,還有恐怖刺激的貞子3D詛咒之旅,想測試自己的膽量或想嘗試腎上腺素激升快感的話,就快去體驗看看吧!

☎03-5500-1801 ⌂DECKS Tokyo Beach 3F~5F ◉10:00~20:00,因機台保養而調整 ⑤入場大人￥800、小孩(國小~高中生)￥500;入場+設施自由乘坐大人￥4500、兒童￥3500,星光票(平日17:00、週末例假日16:00後)￥3500、小孩￥2500 🌐tokyo-joypolis.com

DiverCity Tokyo Plaza MAP P.150 B1

如何前往
臨海線(りんかい線)東京テレポート駅徒步3分，ゆりかもめ(百合海鷗號)台場駅徒步7分

info

☎03-6380-7800 📍江東區青海1-1-10 🕐商店、各種服務10:00~20:00，美食廣場11:00~21:00，餐廳11:00~22:00 🌐www.divercity-tokyo.com

　DiverCity Tokyo Plaza內有超過150間店進駐，除了集結海外知名品牌、國內休閒品牌之外，匯集了13家美味餐飲的美食區也是一大焦點，容納約700個座位的規模傲視全台場。

Do YOU KnoW
自由女神像

你以為世界上只有一座自由女神像在紐約嗎？那就錯了，在台場這裡也有一座自由女神像。這座自由女神像是按照法國巴黎的自由女神像等比例打造，在平成10年(1998年)時做為期1年的展示，但因為太受好評而常設在台場這裡，也成了大家來這裡拍照留念的景點。

AQUA CITY MAP P.150 B1

如何前往
Jゆりかもめ(百合海鷗號)台場駅徒步1分，臨海線(りんかい線)東京テレポート駅徒步6分

info

☎03-3599-4700 📍港區台場1-7-1 🕐商店11:00~21:00，餐廳11:00~23:00(美食廣場21:00止) 🌐www.aquacity.jp

　集合約50間餐廳、70家商店的大型購物中心，AQUA CITY正對台場海濱公園，擁有最佳的視野，尤其華燈初上時，可以選家海景餐廳享用晚餐，欣賞彩虹大橋璀璨的燈光，或是到旁邊的夢之大橋走走，享受最浪漫的一夜。

實物大鋼彈
獨角獸鋼彈立像，以1:1實物大小正式在台場亮相！每天藉由精彩的燈光特效展演，讓鋼彈迷們看得如痴如醉。

©創通・サンライズ

活動時刻表
・獨角獸鋼彈變身
　11:00、13:00、15:00、17:00上演
・MidNight CHA CHA 19:00、20:30上演
・GUNDAM SPECIAL MOVIE FOR LOVERS
　19:30上演
・機動戰士鋼彈UC 特備映像 "Cage"SawanoHiroyuki[nZk]:Tielle(3分35秒)20:00上演
・機動戰士鋼彈UC PERFECTIBILITY 21:00上演
・GUNDAM:BEYOND 21:30上演

東京都水の科学館

MAP P.150 C1

如何前往

ゆりかもめ(百合海鷗號)国際展示場駅徒步8分,りんかい線(臨海線)国際展示場正門駅徒步8分

info

🏠江東區有明3-1-8　🕐9:30~17:00　🚫週一(遇假日順延),12/28~1/4　💰免費　🌐www.mizunokagaku.jp

現在生活中打開水龍頭便有乾淨的水流出來,但你知道,你正在使用的水,是怎麼流到你手上的嗎?來到位在台場旁的水的科學館,就能輕鬆了解水資源的各種小知識,同時也是帶領人們認識水資源,進而珍惜水資源的第一步。

為挑高的中庭以水之公園具,小朋友都擠在這兒玩水槍,或是鑽入水下的防護罩,享受被水潑灑的刺激感。主題,設置了許多兒玩水道

全館以水為主題貫穿,是東京人假日攜家帶眷、能夠寓教於樂、教導孩子認識水資源的好去處。不只能夠動手玩,每天不定時還會舉辦科學小教室,在工作人員的帶領下來場水的實驗。

改建自原本賣店的迷你展覽以日本海權、船體結構等為中心,有簡單的展示。

來到戶外,南極觀測船「宗谷」正張開雙臂,歡迎登船一同前往南極的探險美夢。

船的科學館外觀建築以大郵輪為設計發想,現在因老舊而不能入內。

船の科学館

MAP P.150 A2

如何前往

りんかい線(臨海線)東京テレポート駅徒步約12分,ゆりかもめ(百合海鷗號)船の科学館駅徒步1分

info

🏠品川區東八潮3-1　🕐10:30~16:00,宗谷號最後登船15:45　🚫週一(遇假日順延),12/28~1/3　💰免費　🌐www.funenokagakukan.or.jp

船的科學館於1974年完工,特殊的郵輪型建築,遠看彷彿一艘大船停泊港口,近看更是壯觀。2011年起,因為建物老朽化,關閉本館的展示。即便如此,今天來到船的科學館,依舊有不少可看之處。

實際登上南極觀測船
登上宗谷號,穿梭在狹窄的船艙內,看著各室間的人偶想像當時的場景,更能感受曾經背負日本國民期待,也不負眾望達成任務的宗谷,是化不可能為可能的奇蹟之船。

世界級的味蕾饗宴，來台場大啖海外排隊名店

KUA'AINA

漢堡

港區台場1-7-1 AQUA CITY 4F
(在Trump Hotel Central Park中)

KUA'AINA是來自夏威夷歐胡島的漢堡連鎖店，特色是用熱帶島嶼的酸甜水果讓漢堡排變得更多汁有味，博得廣大人氣。面對大海的台場店視野絕佳，椰子樹影以及掛滿牆上的夏威夷照片，最有熱帶島嶼的氣氛。菜單的選項極多，有漢堡、三明治，以及煎餅等甜點。

P.150B1 AQUA CITY ゆりかもめ(百合海鷗號)台場駅徒歩1分，臨海線(りんかい線)東京テレポート駅徒歩6分 03- 3599-2800 11:00~23:00(L.O 22:00) www.kua-aina.com

bills 台場店

鬆餅

港區台場1-6-1 DECKS Tokyo Beach濱海商場(シーサイドモール) 3F

來自澳洲的bills，被譽為是世界第一的早餐，雖然一號店選擇在鎌倉的七里ケ浜開設，但東京店舖中還是以擁有206個座位的台場店規模最大。店內最受歡迎的鬆餅採用分蛋法製作，食譜便是出自比爾‧格蘭傑(Bill Granger)之手；蛋黃與里考塔起司、麵粉拌勻後，再拌入打發的蛋白霜，鬆餅嚐來濕潤輕盈，毫無負擔。

P.150B1 DECKS Tokyo Beach ゆりかもめ(百合海鷗號)お台場海浜公園駅徒歩2分，臨海線(りんかい線)東京テレポート駅徒歩5分 03-3599-2100 週一~週五9:00~22:00、週六~週日及節日8:00~22:00 bills-jp.net

日本第一座巨蛋球場、東京重要的地標，
更是棒球迷們心中的神聖殿堂。

王牌景點 ⑭

TOKYO DOME

東京巨蛋城

造訪東京巨蛋城理由

1 只要是野球迷必朝聖

2 野球觀戰，感受日本式的應援熱力

3 東京都內少見刺激遊樂設施就在這兒

夜晚的東京巨蛋透出光亮，球賽都已經結束，仍有許多球迷留在此地拍記念照。

👁 **MAP P.160 A1**

東京巨蛋城
とうきょうドームシティ／Tokyo Dome City

● 東京巨蛋城小檔案
設計者：竹中工務店
容積：124萬立方公尺
面積：4萬6千平方公尺
座席：4萬6千個
暱稱：BIG EGG
主場球隊：讀売巨人
建設費：350億日元
紀錄：日本第一個全天候型球場
揭幕日期：1988年3月18日

東京巨蛋城一如其名，是伴隨著東京巨蛋發展而成的複合式娛樂設施。現在東京巨蛋城包括有棒球場、遊樂園、溫泉、演奏廳和飯店，也有如棒球打擊場等運動相關設施、週刊少年JUMP的商店、餐廳以及複合式商場，週末常聚集不同族群的人潮。想要一圓在巨蛋看球賽的夢想其實很簡單，若是平常的比賽並且沒有特別想坐哪一席次的話，只要在球賽開始前，到22號門附近的當日券販賣場購買就可以。

📞 03-5800-9999
📍 文京區後樂1-3-61
🌐 www.tokyo-dome.co.jp

至少預留時間
野球觀戰
5小時
外觀拍照、逛周邊設施
1.5小時

JR中央・總武線、都營三田線
【水道橋駅】
都營三田線、大江戶線【春日駅】
東京地下鐵南北線、丸之內線
【後樂園駅】

東京巨蛋城

東京巨蛋見學

第一站觀看影片解說東京巨蛋的構造與歷史，進入場內觀眾席導覽，首先來到本壘正後方觀眾席觀看東京巨蛋全貌，再到一三壘側看台區前エキサイトシート區(Excite Seat)體驗，這兩區是年間指定席(需購買一季票券才能指定的座位)及CLUB G-Po會員先行販售區，一般人是很難購買到的位子。接著重頭戲來到球場內，可踏入本壘到一三壘休息區附近的界外區，一三壘的球員休息區亦可進入參觀。最後一站來到三壘側客隊室內牛棚區，除身神聖的投手丘不可踏入外，可以在這兒擺擺投球帥氣英姿，想像自己是職棒球員過過乾癮。見學全程約45分鐘左右，讓球迷有機會能窺探東京巨蛋之神秘面紗。

⊙22號門附近 ◐4~5月一季3天(詳見官網)，9:30~10:15當日預約，一天兩場次9:45、10:30，約45分鐘 ⊙￥2500，國中生以下￥2000 ⊛www.tokyo-dome.co.jp/dome/visit/ ❶見學全程皆為日文導覽，參觀證於見學完須歸還

Do YOU KnoW

巨人隊中的台灣選手

巨人與台灣最深的連結莫過於「世界全壘打王」王貞治先生，另「人間機關車」嘉農的吳昌征(本名吳波，日本名石井昌征，1937~1943年)、「亞洲巨砲」呂明賜(1988~1991年)、姜建銘(2005~2008年)、林羿豪(2006~2013年)、黃志龍(2010~2011年)、陽岱鋼(2017~2021)、廖任磊(2017~2018)等人也曾是巨人軍一員。

巨人的代表色是橘色，吉祥物ジャビット(Giabbit，傑比兔)便是以此下去發想。

比賽期間，販售啤酒、飲料的小妞背著一桶生啤酒飲料跑跑來來的跑去，口渴了想喝啤酒飲料只要對他招招手，飲料就會送到你面前。

☞ 有此一說～

Dome Run

日本現有球場僅有東京巨蛋使用空氣膜構造之屋頂，最令球迷討論的話題，就是東京巨蛋球場特別容易擊出全壘打，因而被其他隊球迷戲稱「Dome Run」。有此陰謀論之傳言，認為36台加壓送風機設置在內野最上方，風向由內野吹向外野，上下半局風量大小不同，下半局主隊巨人軍進攻時，風量較大，使得巨人軍更易擊出全壘打，不過這都是未經證實之傳言。

怎麼玩東京巨蛋城才聰明？

事先上網訂票

日本職棒一次只開放3個月內的場次購票，所以每次買的時間都不同，需要先查好一般販售的日期。透過官網購票並不難，只要點選比賽日期、座位區域等即可用信用卡購買。付費後可選擇自行列印、日本7-11取票、自動取票機取票。建議到現場再至自動取票機領票即可入場。
球季：3月底~11月初(含季後賽)
網址：www.tokyo-dome.co.jp/dome/ticket/

感受加油文化要坐外野

東京巨蛋為巨人隊的主場，看球賽時，若想要完全感受主場的加油迫力，那一定要選擇外野席，就混入球迷的行列裡，看著大家大聲加油、揮舞加油棒，一同感受現場看球的魅力。

読売VS阪神

東京巨蛋最著名的經典對戰組合莫過於與同屬中央聯盟的阪神虎隊，兩隊交手多次關鍵勝負之分的戰役，因而此對戰組合有「伝統の一 ～THE CLASSIC SERIES～」之稱，票房秒殺是家常便飯，想看還不一定搶得到票。比賽席間兩隊球迷應援誰也不讓誰，球場氣氛high到最高點。

東京巨蛋城大解析

　　2003年5月開幕的「LaQua」，名字是取日文「樂」，和「Aqua」的音，意思即為「有水的快樂地」，完全使用從地下1700公尺湧出的溫泉，為東京都內最大的Spa設施，也是東京都心為數不多的溫泉地。除了溫泉、三溫暖外，Spa LaQua也併設餐廳、按摩、美容等中心，是專為都市大人設計的多功能的身心休憩地。

☎03-3817-4173 ⓖ東京巨蛋城LaQua 5~9F (櫃檯在6F) ●11:00~翌9:00 ⑤大人￥2900、小學生以上未滿18歲￥2090。週六~日例假日另加￥550，凌晨1:00~6:00待在館內另加￥1980。※以上價格費用皆有包含SPA、三溫暖專用的衣服罩袍和毛巾 ⓦwww.laqua.jp ❗Spa LaQua是以18歲以上的遊客為對象的設施。18歲以下的人必須有監護人同行，並在18:00以前離開

Spa LaQua

野球殿堂博物館

　　這是日本第一座專門展示棒球收藏品的博物館，館內展出歷年來人氣最旺的職棒選手如王貞治、鈴木一朗和松阪大輔的愛用品。還有放映室播放日本職棒聯盟的紀錄。在角落還設置了一塊巨蛋球場內的綠色防撞牆壁和幾張觀眾席，讓沒機會進入球場的人可以在這裡體驗一下。

☎03-3811-3600 ⓖ東京巨蛋第21號門旁 ●13:00~17:00，週末例假日10:00-17:00(最後入館為閉館前30分) ⓗ週一(例假日、春假、暑假和職棒開打時例外)、12月29日~1月1日 ⑤大人￥600，大學生高中生￥400，小中學生￥200，65歲以上￥400 ⓦwww.baseball-museum.or.jp

(地圖文字：後樂園駅、Spa LaQua、野球殿堂博物館、東京巨蛋、當日券售票口、東京巨蛋樂園 Attractions、水道橋駅、東京巨蛋飯店、JR水道橋駅)

「Oh Gate」「Nagashima Gate」

　　東京巨蛋本壘側22號入口兩旁，各有往上層入口的階梯，分別依照巨人軍偉大打者王貞治與長嶋茂雄守備位置命名，往一壘方向的階梯命名為「Oh Gate」(王貞治守備位置一壘手，Oh為王的日文發音)，往三壘方向的階梯命名為「Nagashima Gate」(長嶋茂雄守備位置三壘手，Nagashima為長嶋日文發音)，此設計別具意義，非常值得球迷到此拍照留念。

東京巨蛋暱稱「BIG EGG」，由竹中工務店、日建設計操刀設計，竹中工務店建造，1988年(昭和63年)3月18日啟用，全日本第一座室內棒球場，面積 46,755m²，可容納約46,000人，左右外野距離100m，中外野距離122m，場內使用人工草皮，踩起來及觸感都非常接近真實草皮。

永久欠番球衣看板

外野應援區柱子上掛著巨人退役球星永久欠番球衣紀念看板，懸掛在右外野依序為世界全壘打王王貞治永久欠番背號1號的球衣看板，巨人軍終身名譽監督長嶋茂雄永久欠番背號3號球衣看板，隊史上生涯最多勝場數400勝金田正一永久欠番背號34號球衣看板；掛在左外野則依序為川上哲治永久欠番背號16號球衣看板，黑沢俊夫永久欠番背號4號球衣看板，沢村榮治永久欠番背號14號球衣看板。

東京巨蛋樂園 Attractions

Attractions就是以前以雲霄飛車聞名的後樂園，雖然2011年初因故暫停營運，但已在2011年下半重新開放。進入Attractions不需要門票，僅需支付單項設施的遊玩費用，還開放到晚上，附近也有複合式的餐廳設施。從創業至今的經典項目則有Big O摩天輪、Wonder Drop飛車和最受小朋友歡迎的英雄秀。

☎03-3817-6001 ◎東京巨蛋城內 ◷依季節不一，約10:00~21:00，詳洽官網 ⑤免費入園，遊樂設施¥420~1200，另有販售1日券：大人¥4200，國高中¥3700、小學¥2800、3~5歲幼兒¥1800。另有販售5回券¥2800 ⊕at-raku.com

Do YOU KnoW

空氣膜屋頂

不同一般屋頂採用鋼骨結構，東京巨蛋因考慮鄰近的小石川後樂園日照問題，屋頂空氣膜結構設計從內野朝著外場傾斜，膜材為雙層構造，內膜0.35mm，外膜為0.8mm，薄透的膜材可透入5%陽光，晴天即使無照明也能比賽。內部空氣壓加壓比外部高0.3%，需透過36台加壓送風機視情況將空氣送進場內，活動進行時，啟用10~18台加壓送風機運轉；結束後，則維持2台送風機持續運轉，加壓送風機24小時無間斷運轉，以維持內部氣壓，才能使屋頂膨漲成圓弧球狀，從沒氣到加滿空氣大約只花 2 個半小時時間。特別的是巨蛋54個出入口為手動式旋轉門，這也是為了要維持場內氣壓的設計。

東京巨蛋飯店

　東京巨蛋飯店就位於東京巨蛋球場旁，共43層樓，是周圍最突出的建築物，視野好得沒話說，夜晚眺望東京巨蛋打上燈光的大圓頂，一邊還可以欣賞東京夜景。若不是住在巨蛋側客房，視野也不差，遠遠可以看到發亮的東京鐵塔。

☎03-5805-2111 ⌂文京區後樂1-3-61 ⊕www.tokyodome-hotels.co.jp

從東京巨蛋周邊開始，有時間就再更深入玩向東京大學附近的坂道吧！

◉ 文京Civic Center 展望台
MAP P.160 A1

如何前往

地下鐵後楽園駅5出口徒步1分，地下鐵春日駅徒步1分

info

⊙文京區春日1-16-21 ●9:00~20:30 ⊗12/29~1/3，5月第三個週日 ⑤免費 ⊙www.city.bunkyo.lg.jp/shisetsu/civiccenter

位在東京巨蛋、小石川後樂園旁的文京區公所，在自家大樓的25樓開設了展望台；展望台東側能看見晴空塔，西北側則是池袋太陽城、西側的新宿高樓群、富士山、東京車站方向等，著名地標景點盡收眼底。南側的展望角度在餐廳裡，只要付費用餐便能欣賞。即便如此，比起東京都庁的展望台角度更廣，人潮也不那麼擁擠，開放時間也有到晚上，是十分推薦前來欣賞風景的人氣穴場。

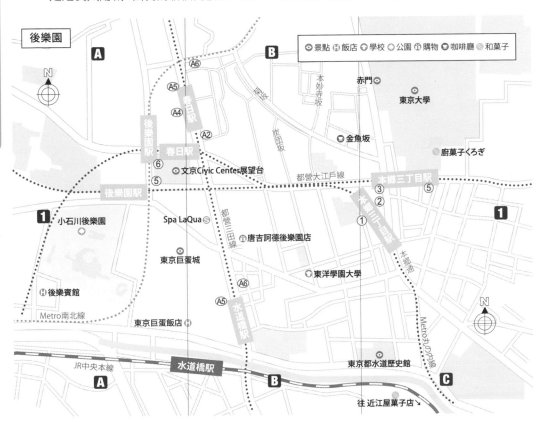

後樂園

A B

◉景點 Ⓗ飯店 ◎學校 ⊙公園 ⑪購物 ◉咖啡廳 ◉和菓子

本妙寺坂
赤門 ◎
東京大學

A6
A5
春日駅
A4
A2
炭団坂

金魚坂
厨菓子くろぎ

後樂園駅・春日駅
都營大江戸線
本鄉三丁目駅

⑥
⑤ ◉文京Civic Center展望台
③
②
⑤

後樂園駅
本鄉三丁目駅

1 ◎小石川後樂園
Spa LaQua Ⓢ
都營三田線
①
1

東京巨蛋城
唐吉訶德後樂園店
本鄉通

Ⓗ後樂賓館
Metro南北線
東洋學園大學
Metro丸の内線

A6
A5
水道橋駅
東京巨蛋飯店 Ⓗ

JR中央本線
水道橋駅
東京都水道歷史館

A B C

往近江屋菓子店 ↘

中文語音導覽
不想走馬看花，那就到櫃台借一台語音導覽吧！
這台免費出借的語言導覽有日、中、英、韓四種
語言，對應展示說明上的數字即可收聽講解。

 MAP P.160 C1 東京都水道歷史館

如何前往

地下鐵、JR御茶ノ水駅徒步約8分，地下鐵水道橋
駅徒步約8分，地下鐵本鄉三丁目駅徒步約8分

info

⏰文京區本鄉2-7-1 🕐9:30~17:00 ⏸第4個週一
(遇假日順延)，12/28~1/4 💰免費 🌐www.
suidorekishi.jp

由東京水道局（自來水公司）經營的東
京都水道歷史館，展示的是東京都內由江
戶時代到現代400年的自來水道歷史。縱
觀世界歷史，有河流貫穿的城市都會發
展得特別快速，可見水資源對人類文明的
發展影響有多大；而一座城市的發展，水
的利用當然也十分可觀，作為日本最大城
市，東京從江戶時代起便有一系列建設，
其中發展完整的自來水道從現在的角度
來看雖不夠完善，但也打下現代建設的基
礎。歷史館的展示分為三層樓，分別講述
東京地下水道的近代與江戶時期的歷史。

 MAP P.160 A1 小石川後樂園

如何前往

地下鐵飯田橋駅C3出口徒步3分，地下鐵後樂園
駅中央口徒步8分

info

☎03-3811-3015 ⏰文京區後樂1-6-6 🔽
9:00~17:00(入園~16:30) ⏸日本新年 💰國中生
以上￥300，65歲以上￥150，小學生以下免費

小石川後樂園建於江戶初期寬永6年
(1629)，為德川家以泉池為主景所建造的
回遊式築山泉水庭園，庭園之名其實是取
自大家很熟悉的范仲淹岳陽樓記：「先天
下之憂而憂，後天下之樂而樂」。沿著主要
的大泉池順遊園內，欣賞池影小山、樹林
拱橋，感受景觀隨著角度變化，十分怡人。

東京大學

MAP
P.160
C1

如何前往

地下鐵本鄉三丁目駅徒步8分，地下鐵春日駅徒步10分

info

☎03-3812-2111 ⚑文京區本鄉7-3-1 ⚐自由參觀 ⊕www.u-tokyo.ac.jp

創立於明治10年(1877)的日本最高學府，最早是由加賀藩的塾校慢慢蛻變而成，而位於本鄉的校區，正是東大最早的校區。校園內建築都有歷史和不少逸事；例如東大精神象徵的安田講堂，在日本學運時代東大生曾以此為據點與政府相對抗；校園中的池塘三四郎池，則是因為夏目漱石的同名小說而得名。校園內除了可以混進學生食堂，嚐嚐便宜大碗的學生料理外，也有針對觀光客而設的紀念品部，可以買到東大限定的馬克杯等各種紀念品，學校最美的季節則在金黃銀杏包圍的秋季。

東大的本鄉校園內林蔭靜謐，不少建築都有其歷史逸事。

張貼著課程資訊的校園公告欄。

曾擔任東京大學總長的濱尾新，是明治、大正時期的教育行政家。

醫學部旁設立了兩處銅像，左側是內科學的貝爾茲(Erwin von Bälz)，右側是外科學的斯克利巴(Julius Karl Scriba)。兩人皆在東大執教鞭20年以上，對日本醫學十分有貢獻。

📖 **東京大學－赤門**

東大校門之一的赤門，是校園原址少數遺留下來的加賀藩遺構之一，建於1827年。當年加賀藩的13代藩主迎娶11代德川將軍的女兒，按慣例大名迎娶將軍女兒時，須將未來其居住的寢殿外門漆為紅色，現在的赤門上，依然能找到德川家的葵紋和加賀藩前田家的梅缽家紋。在現在的東大大門建好前，赤門被作為主校門使用，因而也成為東大的代名詞，同時也因為歷史地位被列為重要文化財。

🔊 **東京坂道散步**

坂道在日文中所指的就是斜坡道路，由於東京地形多所起伏，因此也出現許多坂道，在坂道高低之間所創造出來的風景總讓人忍不住放慢腳步，沉醉其中。

菊坂：細長的菊坂因為過去是菊花田而得名，路上老店、住宅交錯，往叉路小道望去，常能找到江戶武家屋敷和明治昭和時代文人們棲息的舊式街道風景。曾居住在菊坂上的文人中最有名的就是樋口一葉和宮澤賢治，其中樋口和家人當年每日使用的井和往來的商店依然殘留著。

炭團坂：炭團坂上有小說兼評論家坪內逍遙的舊居和文京鄉土歷史館，其中坪內逍遙的舊居，之後成為當年年輕的正岡子規、秋山兄弟等人聚居的宿舍「常盤會」，也成為司馬遼太郎的小說坂上之雲的故事背景。

東京巨蛋城：順遊景點

透過和洋菓子，邂逅最迷人的老東京風景

珈琲金魚坂
咖啡廳

🏠 文京區本鄉5-3-15

從江戶時期就開始營業的金魚坂，已經有超過350年歷史，目前由第七代的老奶奶經營。原本是家金魚專賣店，現在則除了專賣店外還開拓出咖啡店和活動場地等多元的利用空間。戶外則提供讓客人釣金魚的魚池，讓都市人們拋下日常煩躁，回歸童年時廟會撈金魚的簡單樂趣。

🚇P.160B1　地下鐵本鄉三丁目駅徒步3分　☎03-3815-7088　🕐11:30~21:30(L.O.21:00)，週末例假日11:30~20:00(L.O.19:30)　🚫週一、第三個週二(遇假日順延)　🌐www.kingyozaka.com

草莓夾層蛋糕
¥800
推薦菜

咖啡
¥700起
推薦菜

近江屋洋菓子店
洋菓子

🏠 千代田區神田淡路町2-4

近江屋洋菓子的裝潢與空間，配上造型與口味都很老派的蛋糕，懷舊感十足。許多東京人會到此外帶蛋糕，其中蘋果派是店內的熱銷商品，是作為贈禮的最好選擇。如果想要坐在店內品嚐則需要加點飲料；這裡的飲料吧有新鮮現打果汁，冬天還會提供味噌湯，很適合久坐聊天。

🚇P.160C1　地下鐵御茶之水駅徒步4分，地下鐵本鄉三丁目徒步20分　☎03-3251-1088　🕐9:00~19:00，週日例假日10:00~17:30　🌐www.ohmiyayougashiten.co.jp

東京近年最受矚目的新興藝文區，藝術、慢活、咖啡的三大新風潮，匯集成東京的新藝文左岸。

王牌景點 15

造訪清澄白河理由

1 東京最夯的文青旅遊熱點

2 實驗性藝術、藝廊林立

3 第三波咖啡革命Blue Bottle Coffee東京1號店

以前用來搬運木材的運河，現在構成城市水岸美景，據說春天時河岸櫻花綻放，是東京的賞櫻穴場。

清澄白河

MAP
P.167

清澄白河
きよすみしらかわ／Kiyosumishirakawa

　美術館、舊書店、老町風格雜貨屋、新個性風格小店、咖啡店，近幾年原本安靜的清澄白河搖身變成文青最愛散步地之一，尤其引爆新一代咖啡風潮的藍瓶咖啡更以這裡為東京第一家店的據點，也讓這裡的個性風格小舖一家接一家誕生。沿著清澄通能達回遊式林泉庭園「清澄庭園」，一旁的深川資料館通上有江戶資料館與許多有趣的藝術小店、咖啡廳，轉入美術館通便能到達東京都現代美術館，體驗完全不同於下町的都市藝術綠地。

至少預留時間
Blue Bottle Coffee朝聖
1小時
四處閒晃
1.5小時

清澄白河歷史
在江戶時代，清澄白河是重要的物流據點。幕府第一代將軍德川家康為運食鹽至江戶市，規劃開鑿運河，其中最早竣工的便是小名木川，沿岸多建倉庫，並設深川番所以查驗過往船舶及徵稅。現在 MOT 和地鐵站的落成帶來了新人潮，成為文藝青年大顯創意的舞臺。

深川圖書館
明治42年(1909)深川圖書館以東京市立圖書館之姿成立，至今已有100年以上的歷史，雖然目前閉館中，一直是東京的代表公設圖書館。館內藏書20萬冊以上，緊臨清澄公園，不管是外觀還是室內空間都充滿古老的懷舊風情。

深川江戶資料館前的資料館通，是清澄白河一帶商店較密集的區域，散步其中十分悠閒，往西就能通往東京現代美術館。

閒置的倉庫和町工場經由改建再生，讓沒落的工業區搖身一變，成為藝術工藝街，吸引國外咖啡店、年輕創者者來此實驗新生活風格。

都營大江戶線、東京地下鐵半藏門線【清澄白河駅】

怎麼玩清澄白河才聰明？

左岸藝術

清澄白河區閒置的倉庫及町工場，挑高空間少以柱隔斷，最適合展出大型藝術作品。在 MOT（東京都立現代美術館）開設之後，藝廊也開始進駐周邊地區，打造了隅田川左岸的「藝術街區」。
Ando Gallery
以舊倉庫改建的 Ando Gallery，雪白建築覆滿了常青藤蔓，雖名為藝廊，卻有著極平易近人的生活感
⊕江東區平野3-3-6
🌐www.andogallery.co.jp

咖啡雜貨巡禮

原本傳統的街區，因為2015年Blue Bottle咖啡的進駐而引來大批觀光客，日式雜貨店、充滿個性的獨立咖啡館等紛紛選擇在這裡開幕，讓這裡同時兼具新與舊的氣氛，也成為最新興的咖啡聖地。

採茶庵跡

日本知名的俳句詩人松尾芭蕉在其人生最廣為人知的一段旅程「奧之細道」之旅前，曾在這裡住過一段時日，當時便是落腳在杉山杉風的宅邸「採茶庵」。從採茶庵右側沿著仙台堀川走入水邊散步道，可以見到芭蕉的俳句石碑。

清澄白河

第三波咖啡革命

從歐美開始的咖啡文化革命，也延伸至亞洲區域。我們常說的咖啡革命可分為三個階段：第一波革命是1940-1960年代的「速食化」，代表品牌為雀巢即溶咖啡。第二波革命是1960-2000年代的「精品化」，代表品牌為全球化的星巴克。而第三波革命，則是20世紀開始的「美學化」。這波起於平民潮流中的革命，強調使用單一莊園豆，經由烘焙、沖法而找出豆子最好的呈現與滋味，另外，強調咖啡美學，追求生活美好化，也是這一波咖啡革命的重點。被喻為第三波咖啡革命的領頭羊，便是Blue Bottle Coffee。

Blue Bottle Coffee

Blue Bottle Coffee 來自加州奧克蘭，是美國近年最熱門的咖啡品牌。品牌創立人 **James Freeman** 曾造訪日本，接觸「喫茶店」咖啡文化，咖啡師手沖咖啡的景象和喫茶店氛圍喚醒了他對咖啡的熱愛，因而辭去交響樂團單簧管手一職，2002年在奧克蘭一間車庫開始他的烘焙事業。如今 Blue Bottle 在舊金山、紐約、洛杉磯等

大城擁有十六間店，2015年二月更在日本開設第一間海外分店，選址和奧克蘭氛圍相似的清澄白河。
館內劃分烘焙所和咖啡館兩區，烘焙完成，即在吧檯由咖啡師為點單的顧客現場手沖。Blue Bottle 在當日咖啡表單上也詳細註明了咖啡豆品種、原產地和風味，可選擇單品或綜合咖啡，也有濃縮、濾滴、冰咖啡等不同沖泡方式可以選擇。

🔗P.167B1 🚇地下鐵清澄白河駅A3出口徒步7分 🏠江東區平野1-4-8 ⏰8:00~19:00 💲カフェラテ(拿鐵) L¥520
🌐bluebottlecoffee.jp

舊倉庫改建成美術館般的新穎建築，雪白外牆上一個大大的藍瓶 logo，標誌了代表東京第三波咖啡風潮的新地標。

高品質的咖啡，搭配以日產食材所製作的餅乾糕點。

剛烘焙完的豆子，堅持48小時內使用。由吧台咖啡師為顧客現場手沖，更能感受溫醇風味中，咖啡豆的風土個性。

除了咖啡豆可以選擇，店內亦有購物袋、杯子等其它周邊商品。

必看景點

東京人氣散步景點，
清澄白河歷史、美術、藝術、雜貨小旅行。

清澄庭園中心是座大池子，周圍巨木環繞，日式庭石造景與假山構成恬靜日式風情。

清澄庭園

MAP
P.167
A1

如何前往
地下鐵清澄白河駅A3出口徒步3分

info
03-3641-5892 江東區清澄3-3-9
9:00~17:00(最終入園16:30) 入園¥150

　明治時期三菱集團的創始者岩崎彌太郎以迎賓、社員休閒為目的，在這裡建立了庭園，1880年竣工，命名為深川親睦園。現在開放參觀，是東京都內許多人休閒、賞鳥的名所。另外，這裡也是東京賞櫻花的名所，冬季不定期舉行夜間點燈活動，是體驗日式庭園風情的好去處。

令人不敢置信的是，在東京市區內竟然還能看到野鳥。

後代的社長將隅田川水交換引進，大以改造，形成現在看到廣大的回遊式林泉庭園的樣子。

清澄白河

A **B** **C**

L.S Café

Metro半蔵門線

清澄白河駅　清州橋通

gift_lab GARAGE

TEAPOND
onnellinen
青葉堂　深川江戶資料館
　　　　　　山食堂　深川資料館通
清澄公園　清澄庭園　深川宿　しまぶっく

江戶みやげ屋
たかはし　Brigela　　美術館通

東京都現代美術館

1　　深川圖書館　　　　　　　　　　　　　　**1**
ARiSE
Coffee　Babaghuri
　　　　　　深田莊　ARiSE Coffee Roaster
採茶庵跡　　　　　深川第六中学校
　　　　　Blue Bottle Coffee

	景點
	餐廳
	甜點
	購物
	神社
	咖啡廳
	博物館

都營大江戶線

心行寺　深川第二中学校

A **B** **C**

葛西橋通

仙台堀川

深川江戶資料館

MAP P.167 B1

如何前往
地下鐵清澄白河駅
A3出口徒步3分

info
☏03-3630-8625 ⌂
江東區白河1-3-28
⏰9:30~17:00(最終
入園16:30) ㊡第二、
四個週日，不定休請
洽官網 💴大人￥400，國中小學￥50 🔗www.
kcf.or.jp/fukagawa/

於昭和61年(1986)開幕的江戶資料館主
要是再現江戶時期深川佐賀町地區市街風
貌的小型博物館，一踏入館內便能感受到
濃濃懷舊風情，沿著運河建造的船宿與火
見櫓、窄巷裡的長屋擺放著當時使用的工
具，小小的商店街裡有賣菜、賣米的還有
賣油的，還能實際進屋子裡瞧瞧。

由建築師柳澤孝彥率領 TAK 建築事
務所設計建造，以鋼筋水泥搭築了冷硬灰調
的半開放式結構，牆壁鑿出無數圓孔，並以落地
玻璃窗為界，一日時間創造出嬉遊不定的光
影變化。

江戶雜貨屋高橋

MAP P.167 A1

如何前往
地下鐵清澄白河駅A3出口徒步1分

info
⌂江東區三好1-8-6 ⏰10:00~19:00

想追尋清澄白河的下町風情，就往資料
館通り商店街上去吧，新舊融合的安靜商
店街上，下町風情的江戶雜貨屋，以各式
懷舊餅乾、玩具、和風雜貨、料理包、和風
手繪毛巾等，老闆風趣又愛聊的個性，讓
這裡常有鄰居來串門子，門口也貼滿電視
來採訪過的照片。

東京都現代美術館

MAP P.167 C1

如何前往
地下鐵清澄白河駅A3出口徒步13分 ☏03-
5245-4111

info
⌂江東區三好4-1-1 ⏰10:00~18:00 ㊡週一，
不定休請參考官網 💴常設展：大人￥500、大學
生￥400、高中生￥250，中學以下免費 🔗
www.mot-art-museum.jp ❶現正整修中，預
計休館至2018年。

1995年3月，東京都立現代美術館（MOT）開館。展館建築坐落在東京都立木場公園
向北一隅，MOT 以「戰後日本藝術」為重點，典藏約四千八百餘件藝術作品，除以常設
展及特展介紹日本當代藝術現況及國際觀點，藏書十萬餘冊的美術圖書室是一座挖掘
藝術的寶庫，展售個性設計的小店、藝術相關的工作坊及活動，更是吸引無數藝文愛
好者朝聖。

青葉堂

MAP P.167 A1

如何前往
**地下鐵清澄白河駅
A3出口徒步1分**

info
☎03-6458-8412
江東區白河1-1-1 ●10:30~18:00 ㊡不定休，
詳洽官網 🌐aoba-do.com

　喜歡餐桌美學與陶製杯盤的人一定要來青葉堂逛逛。青葉堂嚴選日本各地名窯生產的陶器，像有田燒、清水燒、九谷燒、美濃燒等，種類雖不多，但皆為純手作，市面上不易找到。也有一些名不見經傳但手工精細的陶藝家作品，每個杯盤食器都是由陶藝職人一個個手捏而成，雖然價格稍高，但樣式與花紋都十分漂亮，讓人恨不得全都買回家。

Babaghuri

MAP P.167 A1

如何前往
地下鐵清澄白河駅
A3出口徒步8分

info
☎03-3820-8825
江東區清澄3-1-7 ●11:00~19:00 ㊡不定休 ⑤￥800起
🌐www.babaghuri.jp

　清澄庭園南端界牆外，坐落一棟披了青綠爬藤的水泥建築，這是已故的設計師 Jurgen Lehl 的工作室和品牌Babaghuri本店。出身德國漢諾威的 Jurgen，以織品設計活躍於巴黎、紐約。副品牌「Babaghuri」設計延伸至生活雜貨，除延續天然材質手工製作的精神，更採用傳統手工藝技法，小作坊式少量生產。

同名品牌Jurgen Lehl使用天然材質手工生產布料、製作服裝。

深田莊

MAP P.167 A1

如何前往
地下鐵清澄白河駅A3出口徒步6分

info
江東區平野1-9-7 ●週一、四、六、日13:00~18:00，週五13:00~21:30 ㊡週二、三
🌐fukadaso.com

昭和舊公寓改建的深田莊，管理人佐藤奈美繼承了祖父留下的公寓，以「繼承得來的歲月痕跡，打造社區的遊憩地」為題，保留其所歷經的空間。

　公寓個室由小店進駐，展售理科實驗器材的リカシツ、手工藝雜貨的 risubaco 及 Bahar。咖啡館在週末亦是熱鬧的活動場所，舉辦二手衣活動「洋服ポスト」、每月一次的跳蚤市集、雜貨展覽及童裝工作坊，儼然成為清澄白河的非官方文化中心。

悠閒散步的輕食好選擇

ARiSE Coffee Roaster
咖啡廳

手沖咖啡 M ¥350
推薦菜

🏠 江東區平野1-13-8

擁有山下コーヒー的十年烘焙資歷、在烘焙所 The Cream of Crop Coffee 協助創建製程的林大樹，於2013年開設了ARiSE Coffee Roaster，販售自家烘焙的咖啡豆及手沖濾滴式咖啡，舖面極小，僅容納咖啡吧檯、烘焙機和兩席座位，卻受到當地居民的喜愛，正因他以咖啡連結彼此，拉近了人與人之間的距離。

📍P.167B1　🚇地下鐵清澄白河駅A3出口徒步7分　☎03-3643-3601　🕐10:00~17:00　🈳週一　arisecoffee.jp

L.S Café
咖啡廳／餐廳

**L.S Café
PIZZA ¥1400~1500
有機紅茶 ¥580**
推薦菜

🏠 江東區白河2-14-7

以北海道為中心，嚴選日本國內各地有機蔬果食材，再搭配上嚴選肉類、酒類、調味料等，烹調出一道道對身體健康、吃完又對胃袋舒暢的美味料理。

從健康早餐到夜晚的美食、葡萄酒、威士忌等，豐富多樣的菜單選擇外，店內也陳列出售有機蔬菜與各式食材醬料。

📍P.167B1　🚇地下鐵清澄白河駅B1出口徒步4分　☎03-6458-5462　🕐9:00~20:00 (L.O.閉店前30分鐘)　www.ls-cafe.com

山食堂
餐廳

裸露的水泥牆搭配木造的地板家具，陳設了石油暖爐之類的古道具，充滿昭和時代的生活感；依照時令節氣決定菜單，每日更換，並以「Eat Good」為概念，烹製「老媽的家常菜」。

🏠 江東區三好2-11-6 桜ビル1A

**山食堂
日替菜單 ¥800起**
推薦菜

📍別冊P.167B1　🚇地下鐵清澄白河駅A3出口徒步6分　☎03-6240-3953　🕐17:00~22:00　www.facebook.com/yamashokudo

離開東京的周邊小旅行

東京，是國人旅遊日本的首選之地，不論美食購物、城市人文，都值得旅人一訪再訪。若是時間較多的話，不妨來到東京近郊，從最有人文味的鎌倉古街、度假風氣濃厚的輕井沢到充滿神聖能量的世界遺產日光，遠離城市的超快節奏，感受不同於東京都會的另一種旅行氣息。

神奈川縣
毗鄰東京都心的神奈川縣位在關東地區西南部，坐上各路電車不過1~2小時就能體驗到截然不同的生活節奏，像是名剎聚集地古都「鎌倉」是必遊重點。

栃木縣
位於關東地區北部的栃木縣，以境內西部的「日光」為知名的旅遊聖地，二社一寺的東照宮、輪王寺與二荒山神社已列為世界遺產。

長野縣
位在日本中央的長野縣，因高山群繞的地理環境而被稱為「日本屋脊」，知名的避暑勝地「輕井沢」有優美的歐式渡假風情，四季景色皆美。

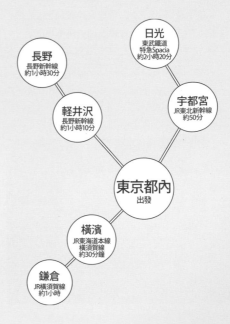

日光
東武鐵道
特急Spacia
約2小時20分

長野
長野新幹線
約1小時30分

宇都宮
JR東北新幹線
約50分

輕井沢
長野新幹線
約1小時10分

東京都內
出發

橫濱
JR東海道本線
橫須賀線
約30分鐘

鎌倉
JR橫須賀線
約1小時

去一趟車程才1小時，一日遊或二日遊都很剛好

同場加映：離開東京的周邊小旅行

\ 推薦1 /

距離東京
約50公里

電車
約1小時

MAP
P.173

神奈川縣
鎌倉
かまくら／Kamakura

如何前往

A 從東京駅搭乘JR橫須賀線往逗子的列車，雖是普通列車但不用轉車，簡簡單單便能直達鎌倉。單程￥940，約1小時。

※橫須賀線在山手線沿線停靠東京、新橋、品川三站，可以依東京住宿的遠近選擇進出點。

B 從新宿駅可搭乘湘南新宿LINE往逗子的快速列車，約每三班湘南新宿LINE列車便有一班是前往逗子的車，若不小心搭上往小田原的列車則必需要在「大船」轉乘。單程￥940，約1小時。

※湘南新宿LINE沿山手線有停靠新宿、澀谷、惠比壽等站，可依住宿地點遠近選擇進出點。

C 從新宿駅搭乘小田急線直達藤沢，單程￥600，約1小時。再轉搭江之電即可到鎌倉。

※利用此路線，會建議先玩江之島，再一路玩到鎌倉。

在鎌倉市區隨便走走，路上遇到可愛的江之電壁畫。

○ 江之電

被暱稱為江之電的江之島電鐵，運行於鎌倉、江之島到藤沢之間，通車已逾百年。原本只是因為方便當地居民交通，除了具有通勤的功能之外，由於穿梭於海濱與住宅街區之中，使其觀光色彩更加濃厚，成為最熱門的電車旅行路線。

區間：藤沢～鎌倉 日時：每小時1～3班次，藤沢→鎌倉的首班車5:36發車，末班車23:18發車。鎌倉→藤沢的首班車5:47發車，末班車23:03發車。 票價：藤沢～鎌倉￥310，鎌倉～江之島￥260。江之電一日券のりおりくん：可在一日中無限次乘坐江之電。在江之電各大車站皆可購買，大人￥800，小孩￥400。 電話：0466-24-2713 網址：www.enoden.co.jp

通常從東京都內，都會利用JR橫須賀線前來鎌倉。出站後左轉即可以看到江之電的車站。

　説起東京近郊的美好風景，一定不能錯過鎌倉，它代表了都市人心中理想桃花源的原型，樸實無華卻充滿豐沛心靈的無限可能。鎌倉的大小寺院神社都有著悠長的歷史故事，寬闊的庭院使古意建築更為壯觀，另外湘南海濱美景、咖啡文化更是女孩兒們追逐的理想空間，悠閒的下午或微光早晨造訪，體驗另一種鎌倉的旅行況味。鎌倉佔地廣大，要玩這一區，可以先將區域範圍分為：北鎌倉佛寺群、鎌倉駅周邊繁華區、長谷駅鎌倉大佛周邊與江之島四大塊。每一區都有鐵道銜接，而區域內也都徒步可達，交通十分便捷。但想要一天看完全部實在不可能，若想深度玩卻又時間有限，最好只挑選1~2區遊玩即可。

江之電鎌倉駅旁有個江之電服
務中心，這裡除了有江之電沿
線資訊外，還販售許多周邊商
品，喜歡電車小物的不能錯過。

在長谷寺附近的御靈神社，可以看到江之電從鳥居駛過的奇妙景
色，許多人都會特地來這裡取景拍照。

同場加映：離開東京的周邊小旅行

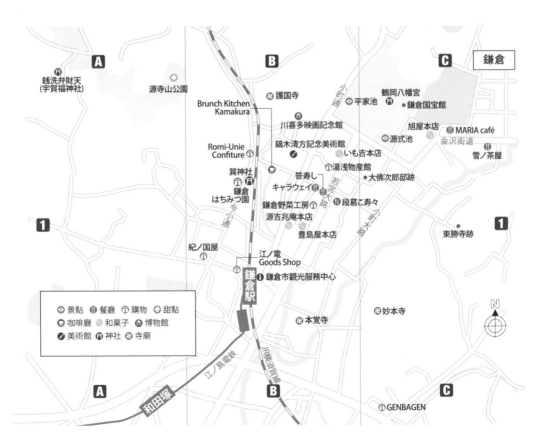

鎌倉

A

錢洗弁財天
(宇賀福神社)

源寺山公園

護国寺

平家池

鶴岡八幡宮

鎌倉国宝館

Brunch Kitchen
Kamakura

川喜多映画記念館

旭屋本店

MARIA café

鏑木清方記念美術館

源式池

金沢街道

Romi-Unie
Confiture

いも吉本店

雪ノ茶屋

巽神社

笹寿し

湯浅物産館

鎌倉
はちみつ園

キャラウェイ

大佛次郎邸跡

鎌倉野菜工房

段葛こ寿々

源吉兆庵本店

東勝寺跡

豊島屋本店

紀ノ国屋

江ノ電
Goods Shop

鎌倉駅

鎌倉市観光服務中心

◉ 景點　⑪ 餐廳　⑪ 購物　⊛ 甜點
☕ 咖啡廳　◎ 和菓子　⑪ 博物館
✎ 美術館　⑪ 神社　卍 寺廟

妙本寺

N

本覚寺

A 和田塚

B JR横須賀線

C

GENBAGEN

江ノ島電鉄

Highlights：在鎌倉，你可以去～

登上61級石階才能夠參拜的本宮，建築正上方的牌匾以金色字體書寫「八幡宮」，昭顯了君臨天下的意味。

1 鶴岡八幡宮

擁有廣大腹地的鶴岡八幡宮，除了是鎌倉象徵，也曾經是歷史與政教中心。1063年開創鎌倉幕府的源賴朝，在權威鼎盛時使其轄內的鶴岡八幡宮的威望遠盛過京都任一神社。以典型日本神社建築式樣打造的鶴岡八幡宮目前則是日本的重要文化財。

⊙P.173C1 ⊜JR鎌倉駅東口沿若宮大路或小町通徒步約10分 ⊙神奈川縣鎌倉市雪ノ下2-1-31 ☎0467-22-0315 ⊙5:00~21:00、10~3月6:00~21:00；寶物殿8:30~16:00 休寶物殿9/15、換展期間休 ⊙境內自由參觀；寶物殿大人¥200、小孩¥100 ⊙www.hachimangu.or.jp

由江戶幕府的第11代將軍家齊重建的本宮，鮮豔朱紅的漆色呼應著華麗壯觀的拜殿。

境內的各項建築設施都有著源氏家族歷史傳說，從入口鳥居進入之後的源平池，藉由水景暗喻著源氏的興盛與平氏家族的衰退。

2 小町通り商店街

被喻為美食天堂的鎌倉，其中以「小町通り商店街」人潮最多，其商店街自鎌倉站東口開始自鶴岡八幡宮前近400公尺，街道兩旁聚滿超過250間以上的店家、餐廳、甜點屋、伴手禮店、日式雜貨、咖啡廳等，不管平日或是假日總是人潮洶湧，一路吃吃喝喝逛到鶴岡八幡宮，一點也不覺得遠。

⊙P.173B1 ⊜JR鎌倉駅東口徒步1分 ⊙神奈川縣鎌倉市小町~雪ノ下 休店家營業時間各異

再多玩一些

位於江之電沿線的江之島面積雖小，卻以擁有供奉女神弁財天的江島神社而著稱，從江戶時代即是吸引日本全國遊客參拜兼行樂的觀光勝地。若想要全覽江之島的景點，約需3至4小時，可以在熱鬧的名產街上嚐嚐海鮮、沿著起伏小路尋訪島上的神社，頂點的展望燈塔可以瞭望有「日本邁阿密」之稱的湘南海岸景緻。

交通：從江ノ島駅或湘南江ノ島駅下車後，一直往南走約5分鐘，經過紀伊國屋旅館後，即到達一座擁有半圓型拱門設計、連接片瀨海岸的橋墩，穿越長長的弁天橋，約15分鐘即達。

③ 錢洗弁財天 宇賀福神社

源賴朝在巳年、巳月、巳日夢見宇賀福神現身，告知只要誠心供奉湧出泉水的神，天下便得以太平，因此創建錢洗弁財天宇賀福神社。從岩窟中湧現的泉水被稱為錢洗水，北条時賴的時代開始以靈水洗滌金錢，流傳至今，成為到此洗滌金錢會呈倍數成長的信仰，洗錢從硬幣到萬元紙鈔均可，不限金額。

🗺P.173A1 🚃JR鎌倉駅西口徒步約30分 🏠神奈川縣鎌倉市佐助2-25-16 ☎0467-25-1081 🕐8:00~16:30

到了入口會讓人存著些許懷疑，必須經過一小段隧道般的陰暗路徑，然後是好幾座鳥居，便會進入彷彿另一個世界的神社。

想要賺大錢，來這裡洗洗錢，並把錢花掉，以錢滾錢發大財！

據説大佛完成時全身黏貼金箔，仔細看看大佛的右側臀金角，還可以看到殘留的些許金箔。

參拜的遊客們都會受到巨大的佛像所震攝，但眉目慈悲的大佛會立刻吸引遊客留影。

④ 鎌倉大佛 高德院

「沒有看過大佛，就別説你來過鎌倉」，依照阿彌陀如來佛塑像而成的大佛，與奈良大佛並列為日本二大大佛，佛身高度有11.312公尺，佛體重量121噸，是鎌倉的精神象徵。參觀者也可以進入大佛內部，細細欣賞700年以上的歷史軌跡。

🗺地圖外 🚃江ノ電長谷駅徒步15分 🏠神奈川縣鎌倉市長谷4-2-28 ☎046-22-0703 🕐8:00~17:30、10~3月8:00~17:00；大佛內拜觀8:00~16:30 💲¥300、小學生¥150，大佛內部參觀加收¥20 🌐www.kotoku-in.jp

繞到大佛的背後，可以看見洞開的大門上寫著胎內拜觀，這指的是可以付費¥20進入大佛身體中。

波光粼粼的湛藍大海，海鷗逆光飛翔，平交道前黃綠相間的電車緩緩駛過，彷彿看見晴子正露出燦爛笑容和櫻木花道招手。

⑤ 灌籃高手平交道

鎌倉高校前駅的湘南海岸，是許多灌籃高手迷一定要造訪的地點。走出車站，看見那條與大海平行的黃色平交道，耳邊已然響起《灌籃高手》的熱血片頭曲，小時候守在電視前等待看卡通的記憶就像洪水般湧現，清晰無比。

🗺地圖外 🚃江ノ電鎌倉高校前駅徒步2分

從東京出發大概2小時，前進世界遺產的文化中心

德川家康過世後謚封神號為「東照大權現」，日光位於江戶城之正北方，背倚北極星守護著江戶幕府，可謂是鎮守著天下泰平。

同場加映：離開東京的周邊小旅行

日光境內四季皆美，尤其以秋天為甚；秋天時節滿天遍野的紅楓燦爛耀眼，彷彿要將整個日光山區燒起來般的肆無忌憚。

推薦2

距離東京
約125公里

特急列車
約2小時

MAP
P.177

栃木縣

日光
にっこう／Nikko

如何前往

Ⓐ 於JR東京駅、上野駅可搭乘東北新幹線列車到達宇都宮駅後，轉乘JR日光線部通列車即可抵達JR日光駅。東京駅→日光駅單程￥5480，約2小時。

Ⓑ 於JR新宿搭乘特急列車「日光號」，與東武鐵道直通運行，不用換乘便能抵達東武日光駅。單程￥4080，約2小時。

Ⓒ 從東武淺草駅搭乘特急列車けごん可直達東武日光，若搭乘特急列車きぬ則需要在「下今市駅」轉乘普通線列車。單程￥2860，約1小時50分。

Ⓓ 除了特急列車，在東武淺草駅也可搭乘普通列車前往東武日光駅。部通車單程￥1390，約2小時12分。

※從淺草出發部分車種抵達下今市駅時會廣播即將分離車廂，上車前需確認自己搭的車廂是前往日光或鬼怒川。

當天來回的行程

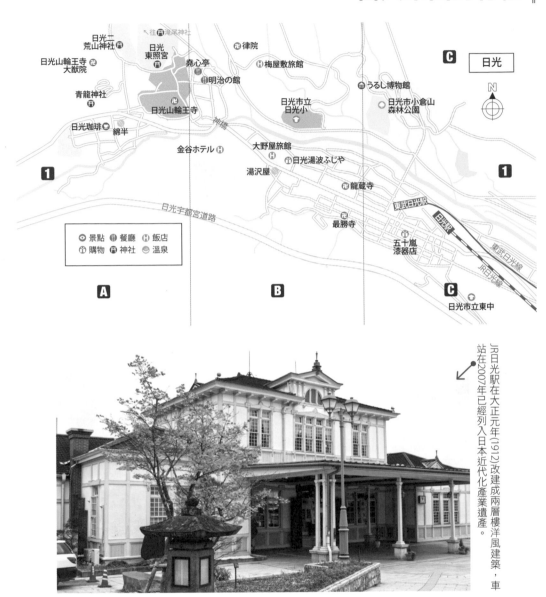

（地圖標示）

往 滝尾神社

日光二荒山神社

日光東照宮

律院

日光山輪王寺 大猷院

堯心亭

梅屋敷旅館

C

日光

青龍神社

明治の館

うるし博物館

日光山輪王寺

日光市立日光小

日光市小倉山森林公園

日光珈琲 綿半

神橋

金谷ホテル

大野屋旅館

日光湯波ふじや

1

湯沢屋

龍蔵寺

東武日光駅

1

日光宇都宮道路

最勝寺

⊙ 景點　⑪ 餐廳　⑯ 飯店
⑯ 購物　⑪ 神社　☺ 溫泉

五十嵐漆器店

A

B

C

日光市立東中

同場加映：離開東京的周邊小旅行

JR日光駅在大正元年(1912)改建成兩層樓洋風建築，車站在2007年已經列入日本近代化產業遺產。

日光有名聞遐邇的二社一寺：東照宮、輪王寺以及二荒山神社，其中最壯麗奪目的莫過於桃山文化建築風代表的東照宮，1999年12月經聯合國教科文組織登錄為世界遺產。奧日光則擁有優美的中禪寺湖、奔騰的華嚴瀑布，構成旅遊魅力。除

了豐富的歷史文化薰陶，每到秋日，這裡更處處點綴著豔麗火紅，二社一寺、龍頭瀑布、戰場之原、中禪寺湖…全都是全國知名的賞楓勝地，一景一色皆衝擊著視覺感官。

177

① 東照宮

1999年12月由聯合國教科文組織將其登錄為世界遺產的日光東照宮，是為了祭祀江戶幕府第一代大將軍德川家康，1617年由二代將軍秀忠開始修建，而到了三代將軍家光時，更花下大筆經費、窮天下工匠絕藝將東照宮修築得絢爛奪目。

🅿P.177A1 🚌JR日光駅或東武日光駅前搭乘東武巴士至「勝道上人像前」、「大猷院 二荒山神社前」站下車 ☎0288-54-0560 🏠栃木縣日光市山內2301 ⏰4~10月9:00~17:00，11~3月9:00~16:00 💲高中生以上￥1300，中小學生￥450 🌐www.toshogu.jp ❗目前正進行平成大修理，2019年4月1日至2024年3月31日預計整修下神庫、背面唐門、渡廊等處。

奧社入口東回廊的上方雕刻的眠貓，與門裏側嬉鬧的麻雀是出自名匠左甚五郎之手。據說因為貓兒安詳甜睡著，所以麻雀也能安心的快樂嘻笑，故此乃太平之世的象徵。

東照宮境內最有名的莫過於「三猿」。以「一非」聞名的三猿雕刻，一旁的情人猿、夫婦猿、朋友猿等是以猴子的生涯暗喻著人世間的波瀾。

「非禮勿視、非禮勿聽、非禮勿言」

刻，妊娠猿、母子猿、

登上參道上之石階，迎面而來的是東照宮正方高約9公尺、花崗石打造的一の鳥居，正面「東照大權現」區額相傳是後水尾天皇親筆所題。

五重塔的下方四層為和式建築，最上面第五層為唐風建築，可說是凝聚了東照宮建築之美。

② 日光山輪王寺

日光山輪王寺為天台宗的信仰重地，相傳是766年日光開山聖祖「勝道上人」所開建，祭祀著千手觀音、阿彌陀佛、馬頭明王，分別象徵著日光三山的男體山、女峰山以及太郎山，鎮守著日光山中神靈聖地。其中供奉千手觀音、阿彌陀佛、馬頭明王三神的是三佛堂，為日光山中最大的建築物。

🅿P.177A1 🚌JR日光駅或東武日光駅前搭乘東武巴士至「勝道上人像前」、「大猷院 二荒山神社前」站下車 ☎0288-54-0531 🏠栃木縣日光市山內2300 ⏰4~10月8:00~17:00、11~3月8:00~16:00 💲三佛堂券大人￥400、中小學生￥200；大猷院券大人￥550、中小學生￥250；寶物殿·逍遙園券大人￥300、中小學生￥100；輪王寺券(三佛堂·大猷院) 大人￥900、中小學生￥400。 🌐www.rinnoji.or.jp

以祈求姻緣有名的二荒山神社，可見到許多祈緣的御守及繪馬。

位在路口的神橋，是通往二荒山神社的神聖道路，現在開放給民眾通過，過橋一次￥300。

③ 日光二荒山神社

二荒山神社是是日光山岳信仰的主祭神社，建築莊嚴充滿著神道教的樸實無欲，其中還祭祀著福緣結守之神「大己貴命」，求子安產之神「田心姬命」等神靈。神苑中有股稱做「二荒靈泉」的神泉，傳說喝了可以治療眼疾，一旁的茶亭還有賣用此靈泉所製的抹茶和咖啡呢。

🅿P.177A1 🚌JR日光駅或東武日光駅前搭乘東武巴士至「西参道」站下車 ☎0288-54-0535 🏠栃木縣日光市山內2307 ⏰4~10月8:00~17:00、11~3月8:00~16:00 💲神橋￥300、神苑￥200、寶物館￥300 🌐www.futarasan.jp

同場加映：離開東京的周邊小旅行

同場加映：離開東京的周邊小旅行

4 滝尾神社

除了二社一寺，也推薦再往森林處走去，來到二荒山神社的別宮「滝尾神社」，這裡祭祀著二荒山神社主祭神之妃子「田心姬命」(女峰山的女神)，充滿神聖氣息。以子授、安產祈願聞名。境內巨大的三本杉、酒泉、緣結竹、運試しの鳥居等景點也十分有趣，是個沒什麼人知道的私房景點。

📍P.177A1 🚶二荒山神社徒步30分 🏠栃木縣日光市山內2310-1 🕗8:30～17:30 💲自由參拜 🌐www.nikko-watahan.jp

步上樓梯，進入社殿之前，會先經過橫樑有個小洞的「運試しの鳥居」據説拾起三個石子，朝小洞丟去，只要有一個石子能穿過鳥居上的圓洞，便能求得幸福。

被譽為日光三靈水之一的酒泉，據傳清水嚐來有酒味，早期許多酒藏會來此取水釀酒。現在則是奉為靈泉，每年會在此舉行祭典。

三棵巨大杉林立在神社間，由石鳥居、石燈籠等圍繞著，傳說這裡是田心姬命降臨之地，許多人會來此祀求安產與姻緣。

🔊 **再多玩一些**

中禪寺湖是日光連山主峰男體山火山噴發時所形成的高山堰塞湖，周長約25公里，除了可以搭船遊湖之外，沿湖有許多風景名勝，像是華嚴瀑布、龍頭瀑布、戰場之原、中禪寺立木觀音等，若要順遊的話，建議可以將行程安排為二天一夜，在中禪寺湖畔的溫泉旅館住一晚。

交通：JR日光駅、東武日光駅前搭乘開往中禪寺溫泉的東武巴士，約45分至「中禪寺溫泉」站下車。

5 明治の館

原是明治時代美國貿易家Frederick W. Horn所建的別墅，當時請來日光工匠不惜時間成本打造，其中以亂石砌方式築造的日光石石牆，更是珍貴的近代遺產，因此於2006年列入「登錄有形文化財」。店內提供家常西式料理，還推出多項結合湯波(豆皮)、干瓢(葫蘆乾)等當地特產的菜色，深受歡迎。

📍P.177B1 🚋JR日光駅、東武日光駅前搭乘東武巴士至「清晃苑前」站下車 🏠栃木縣日光山內2339-1 ☎0288-53-3751 🕗11:00～19:30 💲オムレツライス(蛋包飯)¥1870起 🌐www.meiji-yakata.com

店內提供正統的西式料理，結合當地食材而深受歡迎。招牌料理蛋包飯的蕃茄炒飯風味強烈，覆著厚實柔軟的蛋包，淋上肉醬，十足美味

透過木頭窗櫺看紅楓，遙想古人思緒也特別有氛圍。庭園中的紅色話亭與綠意相映，更顯悠閒自在。

6 日光珈琲御用邸通店

日光珈琲由珈琲焙煎士的風間教司精心打造，風間先生一連開設了四間店舖，都選在日光附近、促進地方活絡，以及為家鄉帶來更多活力。日光珈琲御用邸通店由他親手改建，坐在明亮寬闊的室內很難想像不久前這還是一間殘破的閒置空屋；老木桌上的熱咖啡，輕煙間嗅出甘苦烘焙的點點滴滴。

📍P.177A1 🚶從日光東照宮徒步10分 ☎0288-53-2335 🏠栃木縣日光市本町3-13 🕗10:00～18:00(L.O.17:00) 🚫週一、第1、3個週二 🌐nikko-coffee.com

採用產自日光當地的天然冰製成，刨冰口感自然蓬鬆。

迷人的老屋氛圍只有親臨現場，才能感受其緩慢步調。

搭乘新幹線咻一下，享受貴族優雅避暑假期

\ 推薦3 /
距離東京
約150公里
新幹線
約1小時

從東京都內要來到輕井沢，最方便的交通工具便是搭乘北陸新幹線。要注意北陸新幹線的KAKAYAKI列車不停靠輕井沢駅，可別誤乘。

長野縣
軽井沢
かるいざわ／Karuizawa

MAP P.181

如何前往

Ⓐ 於東京駅搭乘北陸新幹線ASAMA列車或HAKUTAKA列車，能直達輕井沢駅。沿路停靠上野等地，抵達輕井沢需要1小時10分左右，¥5820。

Ⓑ 若是搭乘巴士，從池袋東口高速巴士乘車處搭乘「千曲線」，可以直達王子購物廣場、輕井沢駅前、中輕井澤。一天約有7班次，單程3小時16分，¥2300。

Ⓒ 從羽田空港國際棟6號巴士乘車處，搭乘高速巴士能直達王子購物廣場、輕井沢駅前，單程3小時50分，¥3300。

車站寄送行李
若帶著大行李，一抵達輕井澤想先到別處遊玩，可以利用車站內觀光案內所(車站北口3F)的「信州・手ぶら便」，只要在中午12:00前寄送，當天18:00前便會送到下榻的飯店。一個行李¥1000。

原來輕井澤最美的楓樹群，都分佈在這些別墅區內，踩著滿地落葉倒可沾染幾分詩意。

當天來回的行程

西元1886年,加拿大籍英國傳教師「亞歷山大·克羅夫多·蕭」來到輕井澤旅行,深深的被這裡的綠色森林與清新涼爽的氣候所吸引,因而在此建造了第一所別墅,也將輕井澤作為避暑勝地推廣至全世界。至此以來,世界各地的名人紛紛來訪,建造自己的度假別墅,輕井澤因此成為世界有名的避暑勝地。新興的星野地區自2009年HARUNIRE Terrace落成後更具規模,石之教會、輕井澤高原教會與星野溫泉蜻蜓之湯都在徒步可及的範圍;稍遠的愛爾茲玩具博物館與輕井澤繪本之森美術館則在中輕井澤車站的南方,造訪其中彷彿走入一座童話森林,充滿夢幻的色彩。

舊輕井澤地區最熱鬧的街道,就是銀座通。銀座通兩旁屹立著許多歐式建築,這裡曾經是川端康成、芥川龍之介、北原白秋、室生犀星、堀辰雄等知名日本作家、詩人逗留過的地方。

同場加映:離開東京的周邊小旅行

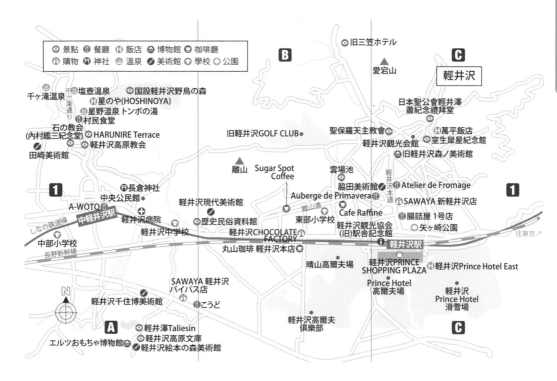

Highlights：在軽井沢，你可以去～

1 輕井澤王子購物廣場

讓人瘋狂血拼的大型Outlet購物商場就位於車站旁，購物中心分為5大區，EAST主要為運動及戶外用品，NEWEAST以流行服飾或飾品為主，例如大受台灣、香港觀光客歡迎的BEAMS。而WEST則是世界各國雜貨，NEWWEST為女性喜愛的品牌，日本年輕女生最愛的包包專賣店Samantha Thavasa NeXT page，就在此開了唯一一家Outlet。

📍P.181C1 🚉軽井沢駅南口徒步3分 ☎0267-42-5211 🏠長野縣北佐久郡軽井澤町軽井澤 ⏰購物10:00~19:00、美食街10:00~19:00、餐廳11:00~19:00，時間依季節、店家而異 💻www.karuizawa-psp.jp

2 雲場池

雲場池據說曾經有雪白天鵝在此停留，所以這裡又被稱為白鳥湖。初夏的綠葉與蔚藍的天空真是讓人無法形容的美，而時序轉入秋天之際，深秋的紅葉倒映在水中彷彿就像一幅名畫。池塘周圍有約一公里長的遊步道，徒步約需20分鐘，提供遊客邊散步邊欣賞輕井澤的四季之美。

📍P.181B1 🚉軽井沢駅徒步約20分

秋天的雲場池，紅葉映著藍天，說是最美的時刻也不為過。

夏天的雲場池，映得池面一片綠意。

冬天雪白一片，是雲場池最詩情畫意的一刻

沢屋的草莓醬不像市售果醬，而是保有完整果粒超實在！

3 沢屋SAWAYA

以水果店起家的沢屋，主張以日本產水果為原料，低糖度且完全不添加化學添加物，不假他人之手，所有商品都是由自家工廠依照每個季節所產的水果做出當季才吃得到的果醬，在舊軽井沢也有分店。

📍P.181C1 🚉軽井沢駅徒步10分 ☎0267-42-8260 🏠長野縣軽井沢町軽井沢東1178 ⏰9:30~18:30 💲ストロベリージャム(草莓果醬)¥1188

日本文學家「堀辰雄」曾在小説「木頭的十字架」裡提到，「在聖保羅天主堂結婚的人們都會非常幸福」，所以有許多日本的明星都是在此舉行婚禮。

4 聖保羅天主教會

輕井澤的地標聖保羅天主教會，是美國建築家安東尼雷蒙特(Antonin Raymond)所設計的木造建築，其對日本近代建築有莫大貢獻，並曾獲得美國建築師學會紐約分會榮譽獎章的榮譽。三角形的屋頂是建築物的特徵。

聖保羅的雕像立在教會前，被樹林包圍顯得聖潔。

📍P.181C1 🚉舊軽井沢巴士站徒步約6分鐘 ☎0267-42-2429 🏠長野縣軽井沢町軽井沢179 ⏰7:00~18:00、冬季7:00~日落(無禮拜或婚禮時可自由參觀) 💻www.karuizawa-stpaul.org

以春榆(harunire)命名的 HARUNIRE Terrace為星野地區的玄關口，百棵以上的春榆為此處提供了涼爽林蔭，涼風吹拂十分舒服。

在這裡你可以享用餐食、逛逛雜貨舖，或是在咖啡廳消磨一個午後，融入輕井沢的悠閒生活。

⑤ HARUNIRE Terrace

以「輕井澤的日常」為概念打造的木板小道，街道兩側佇立了9座木屋，並有15間風格小店進駐。這裡有結合生活感的咖啡、餐廳與賣店，選進的品牌都是讓人嚮往的美好生活。

◎P.181A1 ◎星野溫泉トンボの湯巴士站徒步1分 ☎0267-45-5853 ⌂長野縣輕井沢町星野 ◎10:00~18:00(依店家而異) ⌨www.hoshino-area.jp/shop/

⑥ 信濃鐵道 六文列車

因JR新幹線開通而拆除重蓋的信濃鐵道輕井澤車站，2000年模仿老站舍重築變成紀念館，2017年再回復成車站，2018年重新整裝不但找來知名鐵道設計師水戶岡設計家具，車站內還加入了親子都開心的小栗鼠迷你遊樂園、優雅宛如咖啡廳的候車室，當然購物、知名百年和菓子店家也在此設點，小小站舍，精彩又多元。而近年推出「六文觀光列車」也在此出發，結合美食船電車的旅遊行式讓交通更加惬意。

◎P.181C1 ◎信濃(しなの)鐵道輕井澤駅 ⌂輕井澤町大字輕井澤1178 ◎10:34(洋食Plan)輕井澤發車，13:35(和食Plan)長野發車 ＄車票＋餐 ¥15800 ⌨www.shinanorailway.co.jp

六文觀光列車也是由水戶岡所設計，站內二樓更設有六文列車專用高雅

在車上享用美味的料理，讓旅程更惬意。

🔊 再多玩一些

意外地，輕井沢與草津溫泉用巴士連接一點也不遠！若想讓行程更豐富，也可先來輕井沢後再搭巴士至草津溫泉，再回東京；反之亦然。把二天一夜小旅行擴大成三天兩夜小旅行吧！

區間：輕井沢駅(北口)~三笠~白糸の滝~草津溫泉

時間：每天約有6班次，詳細時刻洽官網。輕井沢~草津溫泉急行巴士約80分鐘

費用：輕井沢~草津溫泉¥2240，輕井沢駅~白糸の滝¥720，草津溫泉~白糸の滝¥1820

網址：www.kkkg.co.jp

東京

28 City Target

東京/黃琪微, 墨刻編輯部作. -- 初版. --
臺北市：墨刻出版股份有限公司出版：
英屬蓋曼群島商家庭傳媒股份有限公
司城邦分公司發行, 2023.04
184面；16.8×23公分. -- (City target；
28)
ISBN 978-986-289-852-9(平裝)
1. 旅遊 2.日本東京都

731.72609   1112003209

作者墨刻編輯部
攝影墨刻編輯部
主編黃琪微
美術設計駱如蘭（特約）·李英娟
封面插畫Amoi
地圖繪製墨刻編輯部·Nina（特約）

出版公司
墨刻出版股份有限公司
地址：台北市104民生東路二段141號9樓
電話：886-2-2500-7008／傳真：886-2-2500-7796
E-mail：mook_service@hmg.com.tw
發行公司
英屬蓋曼群島商家庭傳媒股份有限公司城邦分公司
城邦讀書花園：www.cite.com.tw
劃撥：19863813／戶名：書虫股份有限公司
香港發行所 城邦（香港）出版集團有限公司
香港灣仔駱克道193號東超商業中心1樓
電話：852-2508-6231／傳真：852-2578-9337
城邦（馬新）出版集團 Cite (M) Sdn Bhd
地址：41,Jalan Radin Anum, Bandar Baru Sri Petaling,
57000 Kuala Lumpur, Malaysia.
電話：(603)90563833／傳真：(603)90576622／
E-mail：services@cite.my
製版·印刷漾格科技股份有限公司
城邦書號KV4028 初版2023年4月 三刷2023年11月
定價360元
ISBN978-986-289-852-9·978-986-289-856-7(EPUB)／
MOOK官網www.mook.com.tw
MOOK墨刻出版www.facebook.com/travelmook
Facebook粉絲團
版權所有·翻印必究

執行長何飛鵬
PCH集團生活旅遊事業總經理暨墨刻出版社長李淑霞

總編輯汪雨菁
資深主編呂宛霖
採訪編輯趙思語·陳楷琪
叢書編輯唐德容
資深美術設計主任羅婕云
資深美術設計李英娟
影音企劃執行邱茗晨

業務經理詹顏嘉
業務副理劉玫玟
業務專員程麒
行銷企畫經理呂妙君
行銷專員許立心
行政專員呂瑜珊

印務部經理王竟為